VOUS MENTEZ !

DÉTECTER LE MENSONGE
DÉMASQUER LES MENTEURS

Groupe Eyrolles
61, bd Saint-Germain
75240 Paris Cedex 05
www.editions-eyrolles.com

Certains noms et lieux ont été volontairement modifiés pour préserver l'identité des individus.
Les événements, anecdotes et faits rapportés ont réellement existé.

Du même auteur aux mêmes éditions :
Manuel de négociation complexe

Pour plus de renseignements : contact@marwanmery.com
Site : www.marwanmery.com
Site : www.adn-nego.com

Création de maquette et composition :
Hung Ho Thanh – www.loaloa.net

Le Code de la propriété intellectuelle du 1er juillet 1992 interdit en effet expressément la photocopie à usage collectif sans autorisation des ayants droit. Or, cette pratique s'est généralisée notamment dans l'enseignement, provoquant une baisse brutale des achats de livres, au point que la possibilité même pour les auteurs de créer des œuvres nouvelles et de les faire éditer correctement est aujourd'hui menacée.
En application de la loi du 11 mars 1957, il est interdit de reproduire intégralement ou partiellement le présent ouvrage, sur quelque support que ce soit, sans autorisation de l'éditeur ou du Centre français d'exploitation du droit de copie, 20, rue des Grands-Augustins, 75006 Paris.

© Groupe Eyrolles, 2014
ISBN : 978-2-212-55845-6

Marwan Mery

VOUS MENTEZ !

DÉTECTER LE MENSONGE
DÉMASQUER LES MENTEURS

Préface de Benjamin Elissalde

EYROLLES

SOMMAIRE

- Préface 11
- Avant-propos 15
- Introduction 19

1. LE MENSONGE : UNIVERSALITÉ ET SINGULARITÉ 21

- **Qu'est-ce que le mensonge ?** 24
  - Le mensonge n'est pas contraire à la morale 24
  - Une question d'intention 24
  - Altération, suppression ou... omission 25
  - Mensonge et vérité 27
- **Pourquoi les gens mentent ?** 29
  - Mentir par bienveillance 29
  - Mentir par confort 30
  - Mentir pour se valoriser 31
  - Mentir pour obtenir un avantage significatif 32
  - Mentir pour éviter les conséquences 32
  - Mentir pour le plaisir 33
  - Mensonges triviaux... ou lourds de conséquences 33
- **Sommes-nous doués pour détecter le mensonge ?** 34
  - Les individus ne sont pas bons pour détecter le mensonge... 35
  - ... mais pensent cependant qu'ils sont doués 37
  - Plus les individus estiment être bons pour détecter le mensonge, moins ils le sont 39
- **D'où vient notre difficulté à démasquer les menteurs ?** 47
  - L'homme est un bon menteur 47
  - Nous ne voulons pas connaître la vérité 49
  - Les gens adorent que l'on parle d'eux 49
  - L'homme se satisfait de peu 50
  - Les gens ne regardent pas les bons indices de tromperie 50
  - Le mensonge est trop souvent associé au stress 52
  - Les mensonges les plus nombreux sont de faible incidence . 53
  - La différence est souvent subtile entre mensonge et vérité . 53
  - Il n'existe pas d'indice de tromperie universel 53
  - Le retour sur expérience est peu disponible 54
  - Les relations sociales ne nous permettent pas d'extraire l'information 54

- Certaines personnes sont exceptionnellement douées pour mentir 55
- **Où placer le curseur de l'éthique ?** 56
  - Est-ce réellement mal de mentir ? 56
  - L'éthique : un concept mouvant 58

2 | LA LECTURE COMPORTEMENTALE : DÉCRYPTER L'INVISIBLE 61

- **Recourir aux approches scientifiques pour mieux comprendre le comportement humain** 65
  - La réaction émotionnelle : conséquence d'un conflit de valeurs interne 67
  - Le processus cognitif au cœur du mensonge 69
  - La tentative de contrôler son corps 71
  - L'analyse du déclaratif pour percer les incohérences 73
  - La lecture comportementale est multiple 74
- **Adopter quelques précautions** 75
  - Comprendre l'enjeu 76
  - Révéler les indices du mensonge ne permet pas d'en connaître la raison 77
  - Recontextualiser systématiquement 78
  - Ne pas déduire des traits physiques un état d'esprit 79
  - Avoir conscience des idées reçues 80
  - Être attentif aux faisceaux concordants 81
  - Prendre garde aux signes... sans signification 82
  - Cerner les différences culturelles 82
  - Observer de façon active 83
  - Ranger son ego 84
- **Évaluer les écarts de comportement** 85
  - Congruence et asynchronisme 86
  - Le « CHUC » pour déceler les comportements spécieux 87
  - Établir le profil de base (la *baseline*) 91
  - Confronter la *baseline* 99
  - Les limites de la *baseline* 100
- **Analyser le verbal : entre ellipse, lapsus, etc.** 102
  - Un distancement évident : focus sur les indices 105
  - Un manque d'implication personnelle : focus sur les indices 115
  - Un problème de cohérence du discours : focus sur les indices 123
  - Une structure qui fait défaut : focus sur les indices 125

- **Analyser le paraverbal : rythme douteux ou pauses suspicieuses...** 130
  - Le temps de réponse 131
  - Le rythme 132
  - Les pauses 133
  - La hauteur tonale 135
  - La prononciation 135
  - La longueur des réponses 136
  - Les combleurs non verbaux 137
- **Analyser le non-verbal : se taire ne suffira pas** 139
  - Les mouvements corporels parlent pour vous 140
  - Les expressions faciales : distinguer le vrai du faux ? 150
  - Quand les réponses physiologiques submergent le menteur 178
  - La proxémie en action 183
- **L'assistance technique est-elle fiable ?** 184
  - Le polygraphe ou « détecteur de mensonges » 184
  - L'analyse vocale par ordinateur 187
  - L'imagerie par résonance magnétique (IRM) : un outil peu pratique 188
  - Pour ou contre la thermographie faciale 188

3 | POSER LES BONNES QUESTIONS POUR OBTENIR LA VÉRITÉ ! 191

- **Se préparer à chaque confrontation** 193
  - Mettre toutes les chances de son côté 194
  - Avoir le recul nécessaire 194
  - Bien gérer les preuves 196
  - Choisir la bonne personne 196
  - Positionner le curseur de l'éthique 197
  - Envisager la mise en place professionnelle 198
- **Créer du lien pour pousser le coupable à se livrer** 200
  - Faire bonne impression 201
  - Préparer les premiers mots échangés 202
  - Demander la vérité 202
  - « Be smart, act stupid » 203
- **Maîtriser les techniques de questionnement** 204
  - L'art de questionner 205
  - Les techniques complémentaires 215
  - Du bon dosage du questionnement 217

- Savoir répondre au mensonge 218
  - Réagir à la prétendue perte de mémoire 220
  - Réagir aux déclarations contradictoires 221
  - Réagir aux déclarations incohérentes 222

ERREURS ET DANGERS : IDÉES REÇUES ET MÉCANISMES HUMAINS 225

- Associer le stress au mensonge est une grossière erreur 227
- Prendre garde aux bons acteurs 228
- Faire attention aux menteurs expérimentés 228
- Connaître le mode de fonctionnement des psychopathes 229
- Avoir conscience de la *pseudologia fantastica...* ou la mythomanie maladive 229
- Attention aux photos ! 230
- Savoir que certains sont convaincus 230
- Se méfier des contre-mesures 231
- Ne pas laisser la chirurgie esthétique fausser la donne 232
- Envisager la « cause juste » 234

COMMENT PROGRESSER DANS LA DÉTECTION DU MENSONGE 235

- Mettez en place un système de binôme 238
- Coupez le son... pour mieux voir 239
- Allez chercher le retour d'expérience 239
- Observez les bébés ! 240
- Inspirez-vous de Disney® et Pixar® 241
- Lancez-vous dans l'apprentissage progressif 241
- Utilisez les outils de Paul Ekman 242
  - Ekman METT 3.0 242
  - Ekman SETT 3.0 242
  - Ekman METT Profile 243
  - Ekman METT PLUS 243

- Conclusion 245
- Bibliographie 248
- Lectures complémentaires 250
- Index 251

À mon cher ami Paul Ekman, pour ces moments
si précieux et riches d'apprentissage.

*Écrit à Compeyre, en Aveyron,
loin de Paris la Tumultueuse*

> *Marwan Mery a rédigé un livre accessible sur un sujet qui nous concerne tous : le mensonge. Les relations qui comptent, sont basées sur la confiance et sont souvent sapées par des soupçons de mensonge. Quand nous doutons, devons-nous accorder plus de confiance à l'autre ou nous voiler la face ? Sommes-nous capables de repérer un menteur ? Vous découvrirez la réponse à ces questions, et bien plus encore, dans ce précieux ouvrage.*

Paul Ekman, Professeur émérite de psychologie, reconnu comme la plus grande autorité mondiale sur le mensonge, dont les travaux scientifiques ont inspiré la série *Lie to Me*.

PRÉFACE

La quête de la vérité… un vaste sujet d'étude qui fait couler tant d'encre depuis la nuit des temps. Preuve en est la parabole du roi Salomon rapportant un fait situé mille ans avant notre ère. Le souverain, reconnu pour sa sagesse, dut rendre justice à propos de la maternité d'un nouveau-né que deux femmes revendiquaient. Afin de connaître la vérité, il prit la grave décision de faire couper l'enfant en deux parts égales et de remettre chacune d'elles aux mères supposées. Alors que l'une approuva la sentence du roi, l'autre se jeta à ses pieds, implorant sa clémence pour épargner la vie de l'enfant. Le roi Salomon, par sa connaissance et sa compréhension du comportement humain, mit au jour les enjeux qui motivaient chacune des deux femmes, ce qui lui permit de distinguer le vrai du faux.

Cette légende a une valeur intemporelle. Elle nous enseigne les bénéfices du recours à une stratégie adaptée à laquelle le menteur n'est pas préparé et ce, pour le décontenancer. De plus, elle attire notre attention sur le fait que la construction d'un mensonge repose essentiellement sur les raisons de mentir qu'une personne a, autrement dit sur l'enjeu que mentir suscite en elle.

Ainsi, la détection du mensonge s'inscrit dans une véritable interaction entre le « menteur » et le « détecteur », et, tout comme lors d'une partie d'échecs, chaque coup doit être anticipé et s'inscrire dans une tactique.

Bien que revêtant à nos yeux – et ce, dès notre plus tendre enfance – une étiquette négative transmise par des règles morales, le mensonge est néanmoins indispensable au quotidien de par son action régulatrice et pacificatrice des interactions sociales.

Dans l'exercice de ma fonction, tout comme pour d'autres professionnels, l'évaluation de l'authenticité représente une nécessité, et même une obligation inscrite dans la loi : rechercher la manifestation de la vérité.

Les déclarations recueillies au cours d'une enquête criminelle auprès des divers acteurs – victimes, témoins, suspects – ont un impact direct sur le déroulement d'une procédure, et leurs répercussions peuvent être considérables d'un point de vue humain. Ainsi, déceler le mensonge représente un enjeu central, face à la préoccupation de ne pas voir un criminel laissé en liberté, ou un innocent privé de celle-ci.

Mon rôle, au-delà de la vision communément admise, n'est pas d'orienter uniquement mon évaluation de la véracité vers le suspect, mais vers l'intégralité des acteurs concernés par l'enquête.

Je me souviens d'une affaire dans laquelle une personne se déclarait victime d'une agression susceptible d'engendrer de lourdes conséquences pénales pour l'auteur présumé. Aussi invraisemblable que puisse paraître sa déclaration, j'accordais du crédit à ses propos, contribuant à la production d'un récit détaillé des faits de sa part. Comprenant que sa démarche avait un fond motivationnel de vengeance, je m'appliquais à vérifier la teneur authentique de son récit. Si elle avait vécu les événements qu'elle était en train de me rapporter, l'effort cognitif demandé allait être moindre que si elle avait dû les imaginer. Je décidai donc d'utiliser ce levier pour vérifier mon hypothèse.

La stratégie consistait pour moi à déclencher une réflexion particulière à laquelle seul un menteur ne serait pas préparé. En lui faisant dessiner la scène, de multiples incohérences apparurent entre son dessin et ses propos précédents. De surcroît, son comportement non verbal témoignait de son décontenancement au fur et à mesure qu'elle se voyait elle-même confrontée à l'incohérence de son discours.

Finalement, elle m'expliqua avoir imaginé cette agression et m'avoua s'être préparée à cet entretien… mais visiblement pas assez !

À défaut de preuves irréfutables et factuelles pour confondre un menteur, la démarche doit être impérativement guidée par la plus grande prudence et objectivité, par une solide connaissance des processus psychologiques du mensonge ainsi qu'une parfaite maîtrise des techniques de questionnement. Poser des questions ouvertes entraîne la production d'un discours plus riche, offrant ainsi la possibilité de collecter un plus grand nombre d'informations (verbales et non verbales). Les questions fermées, quant à elles, ne fournissent que très peu d'éléments, amenant des réponses très brèves et peu exploitables.

Gardons à l'esprit qu'aucun geste, comportement ou attitude n'est propre à l'homme en situation de mensonge. Pourtant, il existe une multitude de gestes, de comportements et d'attitudes générés par le mensonge. Ce dilemme montre bien qu'au-delà de l'indice observé, il y a tout un panel d'alternatives à considérer pour donner du sens à une observation.

Ce constat nous invite à être humble et à faire preuve de précaution lorsque l'on s'engage dans la quête de la vérité. Il faut investiguer au-delà du signal observé et l'aborder d'une façon plus large, quasi éthologique, pour comprendre non plus le résultat, mais la source et le cheminement qui ont conduit à ce résultat. C'est toute la question de la distinction entre causes et conséquences.

La connaissance des processus psychologiques, émotionnels, cognitifs et contextuels est au cœur d'une approche efficiente du mensonge, car ils sont à l'origine des comportements verbaux et non verbaux observables. Le mensonge est la conséquence d'une motivation à dissimuler quelque chose, à tromper autrui. À mes yeux, les enjeux qui poussent une personne à ne pas dire la vérité représentent ce qu'il y a de plus important à cerner, pour mieux faire tomber les défenses et conduire la personne à s'extraire de cette stratégie.

Il faut donc savoir se prémunir contre un manque d'objectivité, et surtout ne pas commettre l'erreur de dissocier les comportements observables – verbaux ou non – du contexte et de l'enjeu. On ne ment pas pour les mêmes raisons et de la même façon au cours d'une soirée festive entre amis qu'au cours d'un interrogatoire de police.

Tous ces champs d'exploration alimentent soit une littérature scientifique extrêmement riche et généralement réservée aux érudits (parfois en décalage avec la pratique opérationnelle en milieu écologique), soit une littérature populaire offrant du consommable sans aucun fondement rationnel ni fiabilité.

Lorsque j'ai rencontré Marwan au cours d'une de ses formations sur l'analyse du comportement non verbal en situation de négociation, j'ai justement pu apprécier la scientificité de ses propos et, surtout, son talent à transposer les connaissances issues du monde complexe de la science à la pratique quotidienne des professionnels.

Ce talent et ce savoir-faire, Marwan les partage aujourd'hui avec passion dans *Vous mentez !*, non pas en proposant au lecteur une recette miracle... mais les ingrédients nécessaires à sa réalisation.

Benjamin Elissalde
Analyste criminel, officier de police judiciaire,
Direction centrale de la police judiciaire

AVANT-PROPOS

J'ai conduit, assisté et mené des centaines de négociations complexes, interrogatoires et entretiens, toujours animé d'une même volonté : connaître la vérité. Comment en suis-je arrivé là ?

Tout a commencé en octobre 1994 chez mon oncle en Oregon, aux États-Unis. Nous regardions les *news* à la télévision, assis confortablement dans son canapé en tissu, quand un flash spécial creva l'écran, entièrement dédié à une jeune femme implorant son ravisseur de lui ramener ses deux enfants. Mon oncle accusa le coup, devant l'horreur du témoignage. Curieusement, habituellement sensible aux faits divers, je restai de marbre et ces quelques mots sortirent de ma bouche, sans même que je le réalise : « *What a liar…* » Quelle menteuse. Mon oncle me foudroya du regard, pour ensuite me faire la morale. Cette fois-ci, c'est moi qui accusai le coup, et je m'excusai platement. Quelques jours plus tard, l'actualité me donna raison. Elle avait tué ses propres enfants. Depuis ce jour, j'ai toujours regardé le monde différemment. Je n'avais que 18 ans.

Les années étudiantes s'enchaînèrent. Je jouais beaucoup au poker le soir, notamment pour payer mes études, mes sorties et mes vacances. Je n'étais ni un fin stratège ni un brillant tacticien. Loin de là, d'ailleurs. Je savais, par contre, observer les joueurs et repérer, dans la plupart des cas, quand ils bluffaient, ce qui me permettait de gagner plus que raisonnablement.

Parallèlement, je manipulais les cartes et les dés au moins deux heures par jour. J'étais fasciné par le monde de la triche, comme beaucoup peuvent l'être. J'ai rencontré par la suite des tricheurs professionnels, auprès desquels j'ai beaucoup appris. Tout le savoir acquis, je le gardais pour moi. Parfois, je donnais des représentations publiques, mais je ne révélais à personne les techniques des tricheurs professionnels. Même si l'apprentissage nécessite des années de pratique quotidienne, je ne souhaitais pas que ces méthodes tombent dans de mauvaises mains. J'aurais pu tricher dans toutes les parties de poker ou de black jack auxquelles j'ai participé, mais jamais je ne fus tenté. Sûrement l'éducation de ma mère.

Ensuite, je fus approché par des casinos et des cercles de jeux, en France et à l'étranger, pour les aider à se protéger des tricheurs professionnels. Mon job était simple. Regarder des écrans, directement reliés aux caméras présentes dans les salles de jeux. Je visionnais des centaines d'heures de bandes pour repérer des mouvements suspects. Avec le temps, je réalisai que la triche ne rimait pas nécessairement avec dextérité. Souvent, il était nécessaire d'observer le comportement global du tricheur, notamment avant le passage à l'acte. C'est alors que je commençai à modéliser certains comportements suspicieux, communs à la plupart des tricheurs. Je croisais sans cesse des données, pour trouver un dénominateur commun. J'appris beaucoup sur le comportement humain.

Les tricheurs qu'on repérait étaient soit expulsés des salles, soit interrogés dans des salles sombres, avant d'être remis aux autorités compétentes. Notre première préoccupation était de s'assurer qu'il n'y ait pas de collusion interne, c'est-à-dire qu'un membre du personnel ne soit impliqué dans l'arnaque. J'assistais aux interrogatoires pour émettre un avis sur la véracité des propos, en fonction des modèles que j'avais construits. Parfois, je menais directement l'interrogatoire. C'était passionnant et je progressais de jour en jour sur la compréhension des ressorts psychologiques humains. En me documentant et en élargissant mes recherches, je parvins à la conclusion qu'il existait des similitudes comportementales chez un tricheur et un voleur à l'arraché avant le passage à l'acte. Ces découvertes intéressèrent des amis policiers et gendarmes. Ils sollicitèrent alors mon avis dans le cadre d'interrogatoires sensibles. Les enjeux étaient différents, souvent des crimes, mais le mensonge s'exprimait de la même manière.

Si le monde du jeu a toujours été ma passion, parallèlement dans la « vraie vie », j'avais un « vrai métier ». Après mes études, j'ai eu la chance d'intégrer de grands groupes internationaux, où j'ai occupé diverses fonctions liées à la négociation et à l'encadrement d'équipes de négociateurs. Mes compétences, liées au comportement et à la détection du mensonge, je les appliquais directement dans mon métier. J'ai même utilisé des caméras boutons (caméras cachées dans le bouton de la chemise), matériel saisi auprès de tricheurs, pour filmer discrètement certaines négociations, et ainsi m'assurer que rien ne m'échappait. Bien sûr, j'ai détruit ces films, sauf certains, que je présente en séminaires ou en conférences, dans lesquels les visages ont été volontairement rognés pour préserver l'identité de mes interlocuteurs.

Quand il fallait évaluer la crédibilité des menaces, des ultimatums, des profils difficiles ou des insultes en négociation complexe, j'utilisais mes grilles de lecture, ce qui me permettait de voir au travers de la brume. Mes trois plus belles négociations, je les dois à l'analyse comportementale.

Lors des entretiens d'embauche, de revue de performance, de recadrage, de mobilité ou de licenciement, je fonctionnais de la même manière. Apprécier les motivations réelles de mes collaborateurs, déceler les enjeux cachés, déterminer la véracité d'un CV, connaître le fin mot d'un conflit, tout se prêtait à l'usage de mes compétences.

Au final, l'humain est au cœur de tout.

Je vous propose de partager sans retenue les méthodes que j'ai pu bâtir au travers de mon expérience de négociateur, de manager, d'interrogateur et de consultant en casinos. Bonne lecture.

INTRODUCTION

Cet ouvrage n'a pas la prétention d'être meilleur qu'un autre. Loin de là. Cependant, il repose sur deux notions fondamentales : le vécu et les bases scientifiques.

Le vécu, je le dois à la richesse des expériences et des rencontres que la vie m'a offerte. La mise en œuvre de certaines techniques, la découverte de la vérité, les échecs retentissants, les situations déstabilisantes, les préjugés, les dissonances cognitives ou encore le curseur de l'éthique. Tout contribue à corriger le tir. Cette expérience, je la travaille au quotidien pour affiner la perception que je porte sur l'humain.

Sans forcer le trait, il existe deux types d'ouvrages consacrés à la détection du mensonge.

D'une part, vous trouverez des écrits privilégiant l'accessibilité et l'assimilation rapide, véhiculant malheureusement des idées reçues et des méthodes que j'estime dangereuses. Il ne vous regarde pas dans les yeux, il se touche le nez, il se repositionne sur sa chaise, ses mains sont moites, c'est qu'il vous ment. Ou encore il croise les bras, c'est qu'il est sur la défensive, il remonte ses chaussettes, c'est qu'il souhaite partir, il porte deux bagues sur le même doigt, c'est un despote... Et j'en passe. Certes, l'apprentissage est facile et aisément assimilable. Maintenant, sachez que si la police suivait ces « bonnes recettes », beaucoup d'innocents se retrouveraient derrière les barreaux. Ces ouvrages sont très nombreux et s'arrogent plus de 80 % de la littérature sur la détection du mensonge.

D'autre part, les livres dits « scientifiques », bien moins passionnants, bien plus épais et difficilement abordables. Les expériences se succèdent, les données sont croisées pour être ensuite analysées. Il en ressort généralement des prémices d'indices, péniblement exploitables. Le travail n'étant pas mâché, le lecteur boude souvent ce type d'ouvrages. Cependant, ils sont riches de connaissances.

En s'appuyant sur des données scientifiques et mon expérience, *Vous mentez !* se donne comme ambition de livrer aux lecteurs des clés pour décrypter au quotidien l'invisible.

Le premier chapitre se veut le volet empirique de cette discipline. Le deuxième, étayé d'exemples concrets, aborde les indices de tromperie présents dans tous les canaux de communication. Le troisième chapitre révèle les questions qu'il faut poser pour obtenir la vérité. Le quatrième est dédié aux erreurs et dangers qui peuvent brouiller notre lucidité et, par conséquent, entraîner des jugements hâtifs. Et enfin, le dernier chapitre vous donnera quelques conseils pour vous exercer et progresser plus rapidement dans ce domaine passionnant.

LE MENSONGE : UNIVERSALITÉ ET SINGULARITÉ

> *"Men occasionally stumble over the truth, but most of them pick themselves up and hurry off as if nothing ever happened[1]."*
>
> Winston Churchill

---

1. Les hommes butent occasionnellement sur la vérité, mais la plupart d'entre eux se révèlent rapidement comme si de rien n'était.

Nous mentons tous. C'est un fait. Que vous l'admettiez ou non.

Certes, la portée ou le degré peuvent varier, mais mentir est un événement quotidien et ce, quels que soient notre culture, notre religion, notre éducation, notre sexe, notre âge ou notre environnement socioculturel.

Les Japonais ne détournent-ils pas la vérité quand ils doivent rendre des comptes sur une catastrophe nucléaire ?

Un jeune Aborigène éperdument amoureux d'une femme d'une tribu voisine et ennemie ne dissimule-t-il pas ses sentiments quand son père l'interroge sur le sujet ?

Un prête, soucieux de préserver l'unité au sein de ses ouailles, n'est-il pas contraint de minimiser certains événements particulièrement perturbateurs ?

Un enfant ne feint-il pas la tristesse pour obtenir un jouet ?

Existe-t-il un homme ou une femme immunisé contre le mensonge ?

Il est intéressant de constater que le mensonge ne connaît ni restrictions ni frontières.

Tel un fluide informe et intangible, il se glisse dans toutes les interactions sociales et ce, depuis les premiers hommes. Les civilisations ont toutes charrié leur lot de faux-semblants pour asseoir leur pouvoir, renverser des chefs d'État ou fédérer des hommes autour d'une idée commune.

Son usage est dépendant des circonstances, des personnes, du contexte, mais surtout de l'objectif fixé par celui qui le profère.

Le mensonge est fascinant, car polarisant. Il clive les avis au nom de l'éthique. Parfois, il se drape de bienveillance quand il sert un intérêt supérieur ou une « noble » cause, telle la préservation de centaines de vies. À l'inverse, il peut être pointé du doigt quand il nuit volontairement à autrui ou sert des intérêts très personnels.

Au-delà de toute considération philosophique, le mensonge fait simplement partie de nos vies, car c'est un moyen de survie.

QU'EST-CE QUE LE MENSONGE ?

Le mensonge n'est pas contraire à la morale

La littérature scientifique a beaucoup exploré le sujet du mensonge, et bon nombre d'ouvrages ont proposé des définitions plus ou moins pertinentes.

Il est avant tout important de dépolluer un mensonge de toute notion moralisatrice. La morale reposant sur la distinction entre des valeurs manichéennes – le juste et l'injuste ou le bien et le mal –, il serait incongru de l'associer au mensonge sans embrasser un parti pris. Nous structurons tous la réalité en fonction de notre propre perception. Ce qui est mal pour certains ne l'est pas forcément pour d'autres. Au même titre que ce qui peut vous paraître logique est parfois illogique pour d'autres. Donc, il n'est pas logique de conclure que le mensonge est contraire à la morale.

Une question d'intention

L'autre élément à prendre en compte est l'intention, c'est-à-dire ce qui anime l'individu avant le passage à l'acte. Est-il judicieux de qualifier de menteur quelqu'un qui ment sans le savoir ? Votre fils rentre de l'école, pose son sac à dos et vous raconte sa journée. Au fil de la discussion, il vous annonce fièrement qu'il connaît désormais les quatre noms des présidents qui siègent sur le mont Rushmore : George Washington, Thomas Jefferson, Théodore Roosevelt et Benjamin Harrison. Vous le reprenez car il ne s'agit pas de Benjamin Harrison mais d'Abraham Lincoln, le premier président républicain. Votre fils campe sur ses positions, s'énerve pour, finalement, vous montrer son cahier où est inscrit Benjamin Harrison. Il téléphone à un de ses copains qui lui confirme avoir pris les mêmes notes. Résultat des courses : le professeur avait commis une erreur et, par conséquent, les enfants transmettaient des informations erronées malgré eux. Mentaient-ils pour autant ? Non. Cette anecdote, qui est, soit dit en passant, une histoire vraie, permet d'illustrer un point fondamental : l'intention. Quand il n'y a pas intention délibérée de tromper l'autre, il est faux de qualifier l'acte de mensonge. À aucun moment l'enfant ne se doutait qu'il communiquait une information fausse et, très certainement, le professeur n'était pas conscient de son erreur. L'information a été tout simplement relayée, sans action de la part de l'enfant.

Il est également nécessaire de considérer le rapport à l'autre. Si je vous annonce que l'information que je suis sur le point de vous livrer est fausse, me qualifierez-vous de menteur ? Certainement pas. Pourquoi ? Parce que je n'ai pas agi à votre insu. Vous ai-je par conséquent trompé ? Non.

Et, enfin, dans quelle mesure l'action menée par une personne sur une information peut-elle être associée à un mensonge ?

Altération, suppression ou... omission

Je considère qu'il existe trois cas précis assimilables au mensonge : l'altération, la suppression ou l'omission. Ces trois formes de mensonge sont la traduction de l'action de l'homme sur le contenu de l'information.

Considérons l'exemple suivant. Je ramasse un billet de 100 euros et un autre de 50 euros égarés dans la rue. Je décide de les glisser délicatement dans ma poche droite. Une minute plus tard, un homme affolé m'aborde et me demande si je n'ai pas trouvé de l'argent par terre (sans qualifier la somme exacte). Si je désire conserver la totalité de l'argent ou une partie seulement, trois choix s'offrent à moi :

- l'altération : l'information est déformée d'une manière ou d'une autre. Son contenu peut être sous-évalué, surévalué ou encore modifié selon les besoins de l'auteur et la situation. Dans ce cas précis, je pourrais répondre : « J'ai trouvé 50 euros par terre à l'instant ! » (sous-évaluation), « Je viens de ramasser 200 euros » (surévaluation), ou encore : « Je viens de ramasser un billet pour un concert » (modification) ;

- la suppression : la vérité est tout bonnement annihilée, souvent dans l'espoir d'éviter la justification. Le mensonge est court et direct. Dans l'exemple ci-dessus, je pourrais adopter la réponse suivante : « Non, désolé, je n'ai rien trouvé » ;

- l'omission : une autre technique, fortement prisée par les menteurs, car difficile à détecter, consiste à livrer une information vraie mais *volontairement* parcellaire. L'information n'est ni altérée ni supprimée, elle est tout simplement morcelée délibérément, tel un gâteau coupé en parts, ce qui permet à l'auteur de servir la part qu'il souhaite. Cette méthode est d'autant plus redoutable que le menteur obtient souvent la confiance de l'autre pour sa « bonne action ». Revenons à l'exemple nous concernant : « Ah, c'est à vous ? Je viens effectivement de trouver 50 euros. » Gain net de l'opération : 100 euros.

Quelle que soit la méthode utilisée, l'intention de l'auteur est de tromper l'autre, par le biais d'une action de sa part sur le contenu de l'information.

Mensonge et vérité

Au regard de ces éléments, je propose la définition suivante, qui servira de socle tout au long de l'ouvrage pour aborder la notion de mensonge.

Le mensonge étant défini, il est désormais nécessaire de qualifier les contours du terme *vérité*, afin d'éviter des confusions qui pourraient alimenter certains débats.

Il est vrai que, même si ces notions sont antinomiques, la frontière est parfois poreuse, du fait de certaines circonstances.

Définition du mensonge

Le mensonge est un acte délibéré qui vise à tromper l'autre, c'est-à-dire à le conduire à tirer des conclusions erronées, sans le prévenir de votre dessein.

Vous êtes témoin d'une scène de crime. En un clin d'œil, un homme est abattu sous vos yeux ébahis et ceux de deux autres badauds. L'auteur s'enfuit rapidement dans une ruelle obscure. Lors de votre déposition, vous indiquez au policier en charge de l'enquête que le meurtrier portait une fine moustache. Cette information ne sera pas confirmée par les deux autres badauds. Ces derniers remonteront que l'auteur avait des yeux bleus et des lunettes. Vous ne confirmez pas ces éléments. Qui ment ? Personne. Comment est-ce possible alors ? Les témoignages se rapportant à un fait singulier sont rarement concordants. Simplement parce que chacun structure sa réalité en fonction de sa propre perception. Et la police le sait bien. Vous avez chacun fourni des informations au mieux de vos *connaissances* et de votre *volonté*. Certes, elles étaient parcellaires, mais complémentaires. Si, par contre, vous aviez omis volontairement un détail ou déformé la réalité, nous aurions parlé de mensonge. Dans ce cas précis, vous avez extrait en totalité de votre mémoire tous les éléments à votre disposition et vous les avez transmis sans action de votre part sur le contenu.

Se pose alors la problématique de la connaissance globale de l'information. Vous transmettez une information dans sa totalité, en prenant soin de n'omettre aucun détail ni d'altérer une once de son contenu, et pourtant l'information recueillie par un tiers est erronée. C'est l'exemple de l'enfant et des présidents du mont Rushmore. Avez-vous menti ? Non. L'information était fausse en amont, mais vous avez été honnête. Et c'est ce que nous retiendrons dans la définition de la vérité.

Et que dire de la mémoire involontairement altérée ?

Comme nous le verrons par la suite, votre mémoire peut parfois vous faire défaut. Un ami vous demande de lui communiquer le montant de la somme qu'il vous a prêtée il y a cinq ans. Vous sollicitez vos facultés cognitives, mais vous séchez. Finalement, un chiffre vous revient. Il apparaît de façon claire et limpide : 5 300 euros. Votre ami vous remercie et s'en va. Sauf que la somme qu'il vous avait prêtée à l'époque était de 5 700 euros exactement.

Vous avez menti ? Contrairement aux présidents du mont Rushmore, vous aviez la connaissance totale de l'information (5 700 euros) puisque vous étiez l'acteur principal. Malheureusement, un événement endogène, comme le vieillissement ou des lésions cérébrales, a altéré votre mémoire, *à votre insu*. Dans ce cas précis, vous avez également été honnête, en transmettant une information au mieux de vos capacités. Et c'est ce que nous retiendrons pour alimenter la définition de la vérité.

Au travers de ces différents exemples, la volonté apparaît comme le prérequis avant d'ouvrir les portes de la vérité.

Au regard de ces éléments et partis pris, voici ma définition de la vérité.

> *Définition de la vérité*
>
> Dire la vérité consiste à livrer des informations factuelles et précises, n'ayant subi aucune action volontaire en amont – altération, suppression ou omission – de la part de l'auteur.

POURQUOI LES GENS MENTENT ?

Sauf pathologie, tout le monde ment pour une bonne raison !

Sinon, on choisirait la vérité. Pourquoi choisir le chemin le plus long quand le plus court est accessible ? Simplement pour servir un intérêt, aussi dérisoire puisse-t-il être.

La vérité est « livrable » sans processus cognitif. Elle est stockée dans notre mémoire, et peut être fournie à tout moment en l'absence d'effort particulier (sauf cas précis liés à l'ancienneté des souvenirs ou à l'altération involontaire de la mémoire). De plus, elle est simple à assumer.

Le mensonge, quant à lui, requiert des efforts proportionnels à son caractère. Il est normalement plus facile de s'en sortir en privilégiant l'omission plutôt que la création d'un mensonge gargantuesque. À la notion de caractère s'ajoutent également d'autres facteurs qui viennent alourdir la charge cognitive : maintenir l'histoire plausible au fil du temps, vérifier que l'interlocuteur adhère, assurer la congruence entre les paroles et le comportement, dissimuler la peur d'être démasqué... Bref, il est toujours plus difficile de mentir que de dire la vérité.

Alors, pour quelles raisons mentons-nous ?

Nous mentons avant tout pour répondre à un objectif, qu'il soit personnel ou altruiste. Nous pourrions tenter de classer les mensonges par typologie pour ensuite les sous-compartimenter, mais ce serait fastidieux et inutile.

Par souci de simplicité, nous pouvons distinguer six raisons qui motivent l'éclosion d'un mensonge...

Mentir par bienveillance

Ces mensonges ont pour dénominateur commun la bienveillance. Ils visent à fluidifier les relations par l'usage de la politesse ou de la flatterie mesurée. Les individus les proférant sont avant tout animés de bonnes intentions. Cela peut se traduire par la volonté de protéger l'autre ou de rehausser en lui une qualité.

Votre femme, folle de joie à l'idée de vous montrer sa nouvelle robe, l'enfile et vous demande votre avis. Vous souriez du mieux que vous pouvez et lâchez le mot : « Magnifique ! » En vérité, vous la trouvez moche (la robe), mais vous estimez que cette vérité n'est pas bonne à dire. Votre intention est de ne pas froisser votre femme.

Je vous livre un autre exemple un peu plus personnel. Il y a peu de temps, j'étais dans un restaurant avec un ami. Le patron était particulièrement exécrable et ne cessait d'insulter une jeune serveuse, visiblement nouvelle et maladroite. À deux reprises, elle manqua de renverser notre bouteille de vin, et s'excusa platement. Le patron, profitant de cette petite maladresse, nous prit à partie en s'exclamant : « C'est pas possible ! Hein, qu'elle est nulle ? » Mon ami répondit : « Tout va pour le mieux, monsieur, ne vous inquiétez pas. » Certes elle était gauche, mais ne méritait aucunement un tel châtiment.

Ce fut un petit mensonge pour protéger et calmer les ardeurs.

Mentir par confort

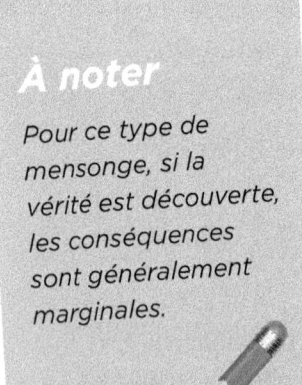

À noter

Pour ce type de mensonge, si la vérité est découverte, les conséquences sont généralement marginales.

Il est des situations où le mensonge est utilisé pour s'économiser des efforts de salive ou éviter des justifications interminables. Dans ce cas précis, vous servez avant tout votre propre intérêt, face à une situation que vous jugez inconfortable ou embarrassante.

Imaginez la situation suivante. Vous êtes invité par votre patron à une soirée de gala, qui rassemblera des personnes que vous ne connaissez pas. Persuadé que l'ennui aura raison de vous, vous déclinez l'invitation en prétextant une soirée déjà programmée de longue date.

Dans ce cas précis, vous mentez avant tout pour servir votre propre intérêt (ne pas vous déplacer), contrairement à un mensonge de bienveillance, dont l'objectif premier aurait été de préserver votre patron.

Mentir pour se valoriser

Ce type de mensonge consiste à rehausser certaines qualités ou compétences afin d'embellir son aura auprès des autres. L'objectif est de faire bonne impression par l'usage d'artifices destinés à orienter son interlocuteur positivement.

Les jeunes amoureux ont souvent recours à ce stratagème. Les garçons tendent à amplifier certains traits qu'ils considèrent comme des qualités, comme le nombre de leurs conquêtes amoureuses, leur salaire ou encore leurs responsabilités professionnelles. Les filles préféreront abonder dans le sens des qualités recherchées par les hommes et choisiront plutôt de sous-évaluer le nombre de leurs conquêtes antérieures.

Les adeptes du *name dropping*, qui consiste à citer des personnalités ou le nom de grands patrons dans l'univers de l'entreprise, usent de ce type de mensonge pour rehausser leur statut social, et ainsi espérer des faveurs en retour.

J'ai rencontré un certain monsieur X en 2011 à Nantes, lors d'une conférence que je tenais sur la détection du mensonge, qui me disait bien connaître Michael Jackson. Le menton légèrement relevé, le torse gonflé, il me racontait avec délectation, sans que je ne lui pose de questions sur le sujet, les manèges dans lesquels il était « monté avec Michael à Neverland », le nombre de fois que « Michael » (pour les intimes) l'avait appelé pour prendre des conseils, et j'en passe. Au moment où il fit une pause, je lui demandai quand avait eu lieu leur dernière rencontre. Il me répondit, après deux secondes de réflexion, le regard baissé : « Peu de temps avant sa mort, en août 2009. » Sauf que Michael Jackson est mort le 25 juin 2009. Dommage…

Mentir pour obtenir un avantage significatif

Certaines personnes mentent volontairement pour obtenir un avantage significatif. Le motif est personnel et, généralement, si la supercherie est découverte, les conséquences sont graves, voire désastreuses. Par « avantage », j'entends s'élever au-dessus de l'autre, soit en cherchant une position supérieure, soit en abaissant l'autre. Dans les deux cas, le menteur occupera une position plus élevée que l'autre.

Cela peut consister à répandre de fausses rumeurs, fabriquer de toutes pièces des diplômes prestigieux, s'approprier le travail des autres ou encore dévaloriser ses collaborateurs.

Aussitôt démasqué, le menteur voit sa réputation généralement ruinée.

Mentir pour éviter les conséquences

Votre enfant rentre de l'école, prend son goûter et s'installe pour faire ses devoirs sous votre regard bienveillant. Il ouvre son cartable et s'aperçoit que sa trousse a disparu. Il jette un rapide coup d'œil dans votre direction et déclare : « Papa, on m'a volé ma trousse. » Pas bête, il sait très bien que reconnaître l'avoir perdue sera plus préjudiciable que de rejeter la faute sur quelqu'un d'autre. Il ment donc pour se prémunir contre éventuelle punition, au même titre que le mari qui prétexte une soirée avec ses potes, alors qu'il rejoint discrètement sa maîtresse, pour éviter les conséquences.

Dans tous les cas, ces mensonges se caractérisent par une faute non assumée. Le recours au mensonge est palliatif.

Mentir pour le plaisir

Cette motivation est plus rare, mais elle existe. Certains prennent simplement du plaisir en trompant les autres, pour le plaisir de prendre du plaisir. Il n'y a ni gain à la clé ni valorisation recherchée, ni intention de flatter l'autre ou autre objectif latent. Ces personnes sont atteintes de pathologie et le mensonge est particulièrement difficile à détecter.

Mensonges triviaux… ou lourds de conséquences

Nous sommes donc tous animés d'une ou plusieurs motivations pour mentir.

Il serait intéressant de connaître la part que s'arroge chaque typologie de mensonge dans nos relations. Malheureusement, l'exercice est impossible, compte tenu des trop nombreux facteurs. Cependant, on peut raisonnablement penser, sans candeur excessive, que les mensonges formulés sur la base du confort ou de la bienveillance sont les plus nombreux, sachant qu'ils assurent l'équilibre des relations sociales et interpersonnelles. À quoi ressemblerait le monde si toutes les vérités étaient lâchées dans la nature ?

Ce sont, par contre, très certainement les mensonges les plus difficiles à détecter, étant donné le faible enjeu pour celui qui les produit et celui qui les réceptionne. En effet, dans ce type de mensonge, il importe généralement peu de convaincre, voire même d'être cru. Et comme s'ajoutent à cela des conséquences marginales, voire acceptables, pour le menteur si le mensonge venait à être révélé au grand jour, ce dernier agit souvent avec un niveau de stress ou de peur relativement faible, voire inexistant. Donc un comportement peu expressif, c'est-à-dire présentant des écarts mineurs ou inexistants par rapport à un comportement naturel exprimant la vérité.

Dans certains cas, on peut poser des questions sans même attendre une réponse : « Ça va aujourd'hui ? » C'est un « oui » qui va éclore dans 90 % des cas. La question n'en est pas une, et la réponse importe peu. C'est une convention sociale, au même titre que dire « bonjour ». D'ailleurs, celui qui réceptionne la question le sait tout aussi bien, privilégiant un « oui » pour clore cet échange cordial. Et chacun retourne à ses occupations personnelles.

Les mensonges lourds de conséquences sont numériquement plus faibles que les mensonges triviaux pour des raisons évidentes de crédibilité et de gestion quotidienne. Cependant, ils sont nombreux et nous avons une fâcheuse tendance à les sous-estimer.

L'avantage qu'ils peuvent néanmoins présenter est l'enjeu, et c'est un élément non négligeable. Ces mensonges étant très largement régis par la peur, c'est-à-dire la peur d'affronter et d'assumer les conséquences de ses actes, le menteur vit avec un niveau de stress plus élevé qu'une personne honnête, sauf cas particuliers. Un homme qui entretient une relation extraconjugale, sauf s'il désire mettre fin à son couple en espérant se faire prendre (c'est une technique chez certains, parfois inconsciente), sera habité de sentiments uniques et propres à son infidélité : peur, honte ou culpabilité. Ceci dépendra du contexte, de sa personnalité et de l'historique de la relation. Quoi qu'il en soit, son comportement sera affecté de manière beaucoup plus significative que dans le cadre d'un mensonge bénin, rendant la détection du mensonge plus abordable. J'ai volontairement remplacé le mot « facile » par « abordable », car lire le mensonge n'est jamais aussi simple que l'on pourrait le penser.

SOMMES-NOUS DOUÉS POUR DÉTECTER LE MENSONGE ?

Après des années de recherche sur le sujet, de pratique intensive dans le cadre de négociations sensibles, d'interrogatoires et d'interviews, d'enseignement aussi bien dans le cadre public que privé, de tests réalisés sur des individus originaires des cinq continents, je ne peux que parvenir aux trois conclusions suivantes :

1. Les individus ne sont pas bons pour détecter le mensonge.
2. Les individus pensent cependant qu'ils le sont.
3. Plus les individus estiment être doués pour le détecter, moins ils le sont.

Laissez-moi étayer ce premier bilan de preuves factuelles.

Les individus ne sont pas bons pour détecter le mensonge...

Bien évidemment, il existe des écarts entre les personnes, mais ces écarts sont faibles. Suffisamment faibles pour conclure que l'Homme, avec un grand H, n'est naturellement pas doué pour détecter la tromperie ou le mensonge.

Dans chaque conférence, séminaire, *workshop* ou formation que j'anime sur la détection du mensonge, je sollicite systématiquement l'ensemble des participants par l'intermédiaire d'exercices individuels et groupés. Je projette des vidéos présentant un enjeu significatif (interrogatoire, négociation, interview, déclaration télévisée, procès...) et je demande aux participants, d'une part, d'apprécier la véracité des dires et, d'autre part, de me fournir leurs critères d'évaluation.

Les résultats compilés pour chacune de mes interventions varient entre 43 % et 58 % d'interprétation correcte du mensonge selon les groupes.

Ce qui veut dire que la moyenne s'établit approximativement autour de 50 %, soit environ une chance sur deux. C'est-à-dire guère mieux que le hasard...

Pour la petite anecdote, j'ai testé douze enfants de 4 à 8 ans sur le même type d'exercices. Le groupe a obtenu exactement 50 % d'évaluation correcte du mensonge. Sachant que ces enfants s'en remettaient entièrement au hasard, du fait du caractère complexe des déclarations, ils ont obtenu le même score que des milliers d'adultes aux compétences cognitives particulièrement développées.

Aldert Vrij, professeur de psychologie appliquée et expert reconnu dans la détection du mensonge, a compilé les différentes études scientifiques menées sur l'appréciation du mensonge. Il en ressort que la moyenne s'établit également autour de 50 %.

L'aphasie peut améliorer vos compétences à détecter le mensonge

Comme nous l'avons vu, notre capacité à détecter le mensonge est équivalente à pile ou face. Étonnamment, des patients atteints d'aphasie feraient mieux que le hasard !

L'aphasie est un trouble du langage. Elle se caractérise par la difficulté à s'exprimer ou la perte totale de la parole (aphasie de Broca). Également, elle peut toucher la compréhension du langage, écrit ou oral (aphasie de Wernicke). Les causes peuvent être diverses et variées : traumatisme crânien, tumeur cérébrale, accident vasculaire cérébral ou maladie neurodégénérative.

Ce supposé talent, présent chez les aphasiques, a toujours fait l'objet de légendes, sans pour autant que la science soit capable de le prouver. Oliver Sacks, neurologue britannique, décrit, dans son livre *The Man Who Mistook His Wife for a Hat* (*L'Homme qui prenait sa femme pour un chapeau*[1]), un groupe d'aphasiques éclatant de rire devant leur télévision à chaque déclaration de Ronald Reagan qu'ils jugeaient spécieuse.

Nancy Etcoff, en collaboration avec Paul Ekman et Mark Frank, entreprit de vérifier ce mythe. L'équipe de chercheurs projeta des films de femmes disant la vérité et formulant des mensonges aux différents groupes ci-dessous :

---

1. Oliver Sacks, *The Man Who Mistook His Wife for a Hat*, Summit Books, 1985.

- 10 personnes atteintes d'aphasie (compréhension des mots individuellement, mais difficulté importante à comprendre le sens des phrases) ;
- 10 personnes atteintes de lésions cérébrales différentes ;
- 10 personnes en bonne santé ;
- 48 étudiants du MIT.

Les vidéos montraient des femmes partageant leur sentiment de joie et de bien-être, alors qu'elles-mêmes regardaient un écran de télévision dont le contenu n'était visible que pour elles. Le contenu alternait scènes de nature sublimes et scènes atroces d'amputation. Les femmes devaient, quoi qu'il arrive, exprimer des émotions positives et rester calmes, c'est-à-dire cacher leur dégoût quand les scènes étaient insoutenables.

Les non-aphasiques affichèrent un score de 50 % dans le cadre de la détection du mensonge. Les aphasiques atteignirent 60 %, et même 73 % quand ils observèrent uniquement les expressions faciales.

Comme quoi, il est nécessaire de se méfier des mots !

… mais pensent cependant qu'ils sont doués

De nombreuses personnes s'en remettent à l'observation naturelle et à leur intuition pour distinguer la vérité du mensonge. Et c'est une excellente chose ! Même si ce n'est pas suffisant, nous verrons par la suite que ce sont cependant deux critères à la fois de réussite, mais également de progression.

Avant de débuter mes interventions, je prends souvent le soin de demander aux participants de me livrer en toute honnêteté s'« ils estiment être plutôt doués ou plutôt mauvais pour détecter le mensonge dans la vie de tous les jours, que ce soit avec leurs proches ou dans leurs relations personnelles ». Comme vous pouvez le constater, j'omets volontairement le « plutôt moyen » pour éviter que tout le monde s'engouffre dans ce choix, par paresse, conformisme ou fausse modestie. S'il existe des différences flagrantes entre populations (commerciaux et techniciens, ou psychologues et comptables), dans près de 60 % des cas, les participants s'estiment être « plutôt doués ».

Parallèlement, j'ai réalisé une étude en mars 2011 auprès de 153 personnes (70 femmes et 83 hommes) de différentes catégories socioprofessionnelles en leur posant exactement la même question ; 82 d'entre elles se sont estimées « plutôt douées », soit 54 % du groupe.

Les « **naturels** », ça existe vraiment ?

La série télévisée *Lie to Me*, diffusée à partir de 2009, a connu un vif succès, notamment en France. Inspirée des travaux scientifiques de Paul Ekman, la série repose sur le personnage de Cal Lightman, un expert en détection du mensonge, qui propose ses services à des entreprises et agences gouvernementales.

Au cours de la série, Cal Lightman recrute Ria Torres, une femme naturellement douée pour révéler le mensonge. Elle est considérée comme « naturelle », du fait de compétences exceptionnelles et n'ayant jamais bénéficié de formations spécifiques.

Fiction ou réalité ?

Ce terme fait, en réalité, écho au *Wizards Project* (Programme Génies) mené par Paul Ekman et Maureen O'Sullivan. L'objectif de cette étude visait à déterminer si certains individus sont réellement dotés de capacités exceptionnelles pour détecter le mensonge.

Le panel du programme fut constitué de plus de 20 000 participants, issus de tous les domaines d'activité, incluant des membres de la CIA, du FBI, des services secrets, des policiers, des juges, des psychologues, des étudiants...

Les résultats de l'étude mirent en évidence 50 personnes capables d'identifier le mensonge avec une justesse au moins égale à 80 %, personne n'ayant atteint 100 %. Ce qui représente 0,25 % de la population mondiale, si les résultats devaient être extrapolés.

Je n'ai aucune prétention à vouloir dupliquer ou poursuivre le programme mené par Ekman et O'Sullivan. Cependant, je porte un regard attentif sur toutes les personnes que je forme, que ce soit en format large (conférence) ou en format restreint (séminaire, formation ou *workshop*). Chaque intervention donne lieu à au moins un exercice portant sur les micro-expressions, dont le but est d'identifier l'émotion furtive qui apparaît sur 20 profils différents présentés. Les individus étant capables de reconnaître au moins 19 émotions sur 20 se voient proposer un exercice de micro-expressions de niveau 2 dans un deuxième temps (20 micro-expressions moins intenses à partir du même profil). Si la personne score de nouveau au moins 19, elle sera confrontée à un dernier exercice portant sur 10 cas vidéo d'individus formulant des vérités et des mensonges. Si la personne obtient un score d'au moins 8 sur 10, elle sera considérée comme *gifted* (naturellement douée).

Par tranche de 1 000 personnes formées, je rencontre entre 3 et 5 personnes *gifted*, majoritairement des femmes.

Plus les individus estiment être bons pour détecter le mensonge, moins ils le sont

C'est le deuxième enseignement des études que j'ai pu mener. En règle générale, plus les gens sont confiants dans leur aptitude à détecter le mensonge, plus ils enregistrent des performances inférieures à celles des personnes s'étant estimées « plutôt mauvaises ».

Pour compléter cette étude, j'ai réalisé le test suivant. Lors d'un *workshop* rassemblant 82 personnes, j'ai demandé à chacune d'elles d'« évaluer de 1 à 5 sur une feuille – 1 traduisant la faiblesse et 5 la surperformance – leur aptitude à détecter le mensonge dans la vie de tous les jours, que ce soit avec leurs proches ou dans leurs relations personnelles », en ne leur laissant pas la possibilité de choisir le 3, pour les raisons déjà évoquées.

Le résultat des courses figure dans le tableau ci-après.

Les individus des groupes 4 et 5, c'est-à-dire s'étant estimés confiants dans leur aptitude à détecter le mensonge, représentant à eux seuls 52 % du total des participants, ont scoré respectivement 42 % et 43 % à l'exercice de détection du mensonge, alors que les individus des groupes 1 et 2, s'étant évalués comme peu performants dans leur aptitude à détecter le mensonge, ont scoré respectivement 48 % et 52 %, soit des moyennes bien supérieures aux groupes 4 et 5.

Valeur	Nombre personnes	% vs total	TOTAL	Cumul des résultats individuels par groupe de valeur dans le cadre du test « détection du mensonge »/100
1	11	13 %	48 %	48 %
2	28	34 %		52 %
4	31	38 %	52 %	42 %
5	12	15 %		43 %
	82	100 %		

Que nous révèlent ces trois conclusions ?

Beaucoup et peu à la fois. Beaucoup, car les moyennes parlent d'elles-mêmes. *En règle générale*, nous ne sommes pas de bons détecteurs, même si nous avons tendance à croire le contraire. Et de surcroît, plus nous pensons être bons, moins nous le sommes.

Peu, car le groupe, par définition, dilue la performance individuelle. Nous sommes avant tout des êtres uniques et singuliers, donc impropres à la sectorisation et à la catégorisation systématiques.

Je préfère parler de *tendance*, terme que j'utilise dans l'espoir de rendre l'individualité compatible avec la notion de groupe. Par « *tendance* », j'entends faire émerger des comportements spécifiques, qui font, bien entendu, partie intégrante d'une moyenne, mais révèlent des particularismes propres à l'exploitation de résultats.

Si ces études générales nous montrent que *nous* sommes de piètres détecteurs, existe-t-il des tendances traduisant des résultats supérieurs à la moyenne ? Certaines personnes sont-elles naturellement plus douées que d'autres ? Certaines professions sortent-elles du lot ? Certains milieux favorisent-ils l'apprentissage ? Et surtout, y a-t-il des différences de genre ?

Je vous propose d'aborder ces nombreuses questions une à une.

- **La profession joue-t-elle un rôle ?**

Il est naturel de penser que certaines professions sont plus aptes à détecter le mensonge. Au-delà de la compétence requise à l'exercice du métier, il est rassurant, pour nous tous, de se dire que certaines professions sont capables de voir ce que le commun des mortels ne peut pas voir. Bien évidemment, nous pensons aux policiers ou aux gendarmes dans le cadre des interrogatoires de suspects. Aux psychologues et aux psychiatres dans l'évaluation des personnalités pathologiques. Aux agents douaniers pour repérer la contrebande. Ou encore aux juges qui évaluent les déclarations des criminels.

Ces professions, exposées aux mensonges quotidiennement, sont, fort heureusement, meilleures que le commun des mortels pour détecter la tromperie. Et encore une fois, c'est rassurant. Cool, non ?

En fait, pas du tout ! Aucune des professions citées ci-dessus n'est plus apte à détecter le mensonge que n'importe qui.

Ekman, O'Sullivan, Frank, DePaulo, Pfeifer, Kraut et Poe ont réalisé différentes études dans les années 1980 et 1990 sur le sujet pour évaluer la compétence de certaines professions dites « plus exposées ». Il en est ressorti que leur score avoisinait les 50 %, ce qui est donc encore une fois comparable au pur hasard. Une profession sortit cependant du lot : les services secrets avec un score de 80 % (voir rubrique plus loin « À votre avis, qui sont les meilleurs ? »).

▪ L'environnement socioculturel a-t-il une influence ?

Nous pouvons légitimement nous demander si certains milieux favorisent l'apprentissage de la détection du mensonge. Les études scientifiques ne font pas émerger de milieux plus propices que d'autres. Être élevé dans un environnement protégé ne fait pas de vous un meilleur détecteur qu'un individu issu d'un milieu défavorisé. Jusqu'à présent, je n'ai pas mené d'études spécifiques pour mettre en évidence certaines disparités. Cependant, quand je compare les résultats de groupes issus de catégories socioprofessionnelles très aisées, jouissant de prestigieux diplômes et occupant des postes à fortes responsabilités, aux résultats de groupes issus de milieux défavorisés, occupant des postes subalternes, les CSP + sont, en général, de meilleurs détecteurs de mensonges, notamment quand l'exercice porte sur le contenu et le déclaratif (verbal et paraverbal). De plus, ils obtiennent également de meilleurs résultats dans le cadre de la reconnaissance faciale des micro-expressions.

> **À noter**
>
> Plusieurs études ont été menées auprès d'enfants issus de familles instables. Ces enfants étaient soit battus, soit présentaient des carences affectives importantes. Il en est ressorti que leur aptitude à détecter le mensonge était généralement très supérieure à la moyenne. Au même titre que les services secrets ou les prisonniers, on peut en déduire que c'est l'instinct de survie, constamment stimulé par le contexte, qui aiguise les sens.

▪ L'âge entre-t-il en ligne de compte ?

S'il peut exister des différences au sein d'un même groupe sélectionné pour ses particularismes, nous sommes en droit de nous demander si l'âge peut jouer un rôle positif ou négatif dans la détection du mensonge.

Je prends le soin d'écarter les bébés et les enfants, du fait de leur manque d'intelligence situationnelle et émotionnelle. Les cas pratiques nécessitant à la fois l'intégration des subtilités de la langue, de la complexité du contexte ou encore des asynchronismes mineurs dans le comportement, il est naturellement difficile, voire impossible pour eux, de cerner le vrai ou le faux. Sauf à accepter que le hasard ne décide pour eux.

Ce qu'il est, en revanche, pertinent d'analyser, c'est l'impact du vieillissement sur notre propre perception du mensonge. Sans grande surprise, mes études, menées sur des sujets âgés et très âgés appartenant à un même groupe, révèlent qu'ils performent moins bien que leurs confrères plus jeunes. Les micro-expressions, dont la durée varie entre $1/10^e$ et $1/25^e$ de seconde, sont jugées « difficiles à cerner » par les participants âgés. De plus, les indices paraverbaux sont très fréquemment non repérés, notamment la tonalité de la voix et le rythme du déclaratif.

Donc le vieillissement peut constituer un frein dans l'analyse.

▪ Y a-t-il des différences de genre ?

On me pose souvent cette question : « Les femmes sont-elles plus douées que les hommes pour lire les gens ? » Ce sont évidemment des femmes qui me posent cette question. Et plus particulièrement des femmes affichant de bons scores sur les micro-expressions.

Les études montrent que les femmes sont effectivement meilleures que les hommes pour détecter le mensonge, dès lors qu'il est nécessaire d'interpréter le non-verbal. Comment peut-on expliquer cela ? Très certainement, parce que les femmes sont, en règle générale, plus tournées vers autrui, plus à l'écoute de l'autre et plus réceptives aux émotions affichées. Les sociétés occidentales influent lourdement sur l'expressivité féminine. On apprend aux petits garçons à être forts, à masquer la douleur, à braver la peur, alors qu'on encourage les petites filles à laisser exprimer leurs peines, leurs émotions, leurs sentiments. Par conséquent, elles développent une sensibilité plus prononcée vis-à-vis de l'expressivité émotionnelle et de la communication, ce qui se traduit par une plus grande capacité d'écoute et de réceptivité. Certains chercheurs ajoutent que les femmes entretiennent une relation privilégiée avec leur bébé depuis la naissance, basée sur le non-verbal pour communiquer et comprendre. Cela paraît logique. Il faudrait cependant pouvoir tester des mères et des femmes sans enfants pour vérifier si le facteur « bébé » entre réellement en compte.

▪ La culture a-t-elle un effet ?

Les Japonais sont-ils meilleurs que les Espagnols pour détecter le mensonge ? Ou certaines tribus d'Amazonie, plus douées pour lire les gens ? Les études scientifiques montrent qu'il n'existe aucun peuple meilleur qu'un autre. Je me range également derrière ce constat, sachant que j'ai la chance de former des nationalités issues des cinq continents. À ce jour, je n'ai observé aucune prééminence particulière.

Cependant, et cela reste uniquement du ressenti, je pense qu'il serait intéressant d'observer certains peuples reculés, où le langage est peu usité dans les relations interpersonnelles. Je m'explique. Dans nos sociétés, le premier vecteur de communication est le langage. Si sa fonction originelle était de transmettre une information d'un point A à un point B, aujourd'hui nous manions la langue de façon redoutable. Si redoutable que nous en usons en premier lieu pour tromper et mentir. De ce fait, notre centre d'attention est rivé sur le verbal, qui, dans bien des cas, n'est qu'illusion et poudre aux yeux. Le langage peut donc être un obstacle dans l'analyse non verbale. Et les études le montrent. Les individus sont généralement meilleurs dans la détection du mensonge quand le son est coupé. Par conséquent, des peuples, utilisant la langue de façon marginale, ne seraient-ils pas meilleurs entre eux pour détecter le mensonge ? Peut-être que oui ou peut-être que non, mais la question reste ouverte.

À votre avis, qui sont les **meilleurs** ?

Fin 2012, j'ai décidé d'évaluer cinq groupes de deux personnes dans le cadre de leur aptitude à détecter le mensonge. Cette étude avait pour but de faire suite à celle réalisée par Ekman, O'Sullivan et Frank[1], qui ont entrepris d'apprécier les compétences des détecteurs professionnels de mensonges, ces hommes dont le métier nécessite une acuité particulière.

J'ai donc sollicité 10 personnes :
- 2 étudiants en troisième année de psychologie ;
- 2 prisonniers lourdement condamnés pour crime ;
- 2 joueurs de poker professionnels ;
- 2 auteurs ayant publié sur le mensonge ;
- 2 membres assurant la protection de hautes personnalités.

Le test portait sur un exercice de micro-expressions et un exercice de cas vidéo présentant des individus déclarant des vérités ou des mensonges.

À votre avis, quels ont été les meilleurs et les plus mauvais ?

Avant de vous révéler les résultats, il est intéressant de constater qu'aucun membre d'un groupe n'a présenté un écart supérieur de 4 points par rapport à son homologue. Même si cela peut relever de la coïncidence, il semble cependant se dégager une tendance certaine. À titre d'exemple, si le membre d'un groupe a scoré 51 %, le résultat de son homologue s'est établi entre 47 % et 55 %.

Voici les résultats par ordre décroissant de performance :
- Groupe protection : 71 %. Pourquoi ces hommes ont été particulièrement bons ? C'est leur métier qui fait la différence. Toute la journée, ils scannent des foules à la recherche de comportements suspects. Chaque expérience négative est stockée dans leur système limbique, ce qui leur permet de bénéficier d'un quotient intuitif assez élevé.

---

1. Étude publiée en 1999 dans *Psychological Science*, vol. 10, N° 3.

- Prisonniers : 69 %. C'est à la fois l'environnement dans lequel ils évoluent et l'instinct de survie qui font la différence. Confrontés au jour le jour à des personnalités qui usent de la tromperie comme mode de fonctionnement, ils ressentent l'obligation d'être constamment sur le qui-vive. Le fait d'être alerte est un prérequis de base pour détecter le mensonge.
- Étudiants : 51 %. Sans grande surprise, les étudiants ont réalisé des scores comparables à la moyenne nationale. Pour information, j'ai réalisé des tests identiques sur des étudiants issus de différentes filières. Aucune différence notable n'a émergé.
- Joueurs de poker : 47 %. Un mythe s'écroule peut-être pour certains d'entre vous. Quand je présente ce test en conférence ou en formation, la plupart des participants parient sur les joueurs de poker comme étant les meilleurs détecteurs de mensonges. Je joue au poker depuis vingt ans maintenant, et force est de constater que les joueurs s'observent très peu. Ils ont surtout le regard rivé sur leurs jetons et leurs cartes. Paul Ekman me confiait avoir testé également des joueurs de poker. Ses résultats sont similaires aux miens.
- Auteurs/experts : 43 %. Pourquoi ai-je voulu tester ces deux auteurs ayant publié sur le mensonge ? De nombreux ouvrages véhiculent des idées fausses et ne reposent sur aucun fondement scientifique. De plus, les auteurs de tels ouvrages n'ont généralement jamais exercé de métiers leur permettant de mettre en pratique ce qu'ils peuvent dispenser dans leurs livres. Dans le cadre du test, ces deux auteurs ont été plus mauvais que les autres, car non seulement ils n'ont jamais dû prendre de décisions importantes face au mensonge, mais en plus ils s'appuyaient sur de mauvais indicateurs pour déterminer le mensonge (voir chapitre 2 « Avoir conscience des idées reçues »).

Nous sommes donc, en règle générale, de piètres détecteurs de mensonges. Maintenant que ce premier bilan est établi, il est important d'en connaître les raisons pour pouvoir progresser vers le succès.

D'OÙ VIENT NOTRE DIFFICULTÉ À DÉMASQUER LES MENTEURS ?

Comme nous avons pu le voir, notre quête de vérité s'égare très souvent dans des chemins de faux-semblants. Bella DePaulo note par ailleurs que « *80 % des mensonges ne sont pas détectés*[1] ». De ce fait, le mensonge nous passe sous le nez la plupart du temps. Qu'est-ce qui fait que nous sommes tous à peu près égaux devant l'incapacité à détecter le mensonge ? Y a-t-il donc un terreau commun, propre à l'homme ?

J'ai tâché de compiler les douze causes qui peuvent obscurcir notre jugement quand le mensonge pointe le bout de son nez.

L'homme est un bon menteur

La première raison, et sans doute la plus importante, est que l'homme est l'animal le plus développé. Il est doté de puissantes facultés cognitives, lui permettant d'adapter sa stratégie en fonction du contexte, de ses motivations et, surtout, des individus qui se tiennent devant lui. Animé d'un puissant moteur, assurant à la fois sa survie et l'atteinte de ses propres objectifs, il peut à tout moment choisir de captiver ou de s'aliéner autrui, en fonction de ses besoins. Dès lors, il dispose d'un remarquable arsenal qu'il modulera à sa guise : manipulation, bluff, mensonge effronté, rétention d'information, altération de l'information, excuse, rejet de responsabilité... Face à toutes ces techniques manipulatrices, nous sommes souvent démunis ou peu armés pour voir au travers de la brume. Ce qui nous oblige à adopter des comportements ou des modes de pensée en adéquation avec l'objectif recherché par le menteur. Nous venons d'être, une fois de plus, bernés à notre insu.

---

1. Bella DePaulo, *The Lies we tell and the Clues we miss : Professional Papers*, CreateSpace Independent Publishing Platform, 2009.

Est-il réellement plus facile de **lire les enfants** ?

Quand je pose cette question, s'ensuit généralement un immense « oui ! ».

Si les enfants peuvent se trahir plus facilement, ils sont cependant plus complexes à interpréter que les adultes à certains égards.

La gestuelle et le comportement d'un enfant sont de précieux indicateurs de fiabilité quand on recherche le mensonge. Tout le monde a, au moins une fois, vu un enfant porter sa main à la bouche, aussitôt après avoir formulé un mensonge. Ou encore cacher ses mains derrière son dos, quand il se jouait de nous ou cherchait à déformer la vérité.

Les enfants sont effectivement plus expressifs, et cela se traduit également sur le visage. Le contrôle musculaire du visage s'apprenant avec l'âge, les enfants produisent des expressions faciales d'émotions relativement simples à interpréter. Observez un enfant qui ouvre un cadeau pour s'apercevoir qu'il l'a déjà ou découvrir qu'il ne l'aime pas ; son visage le trahira à coup sûr. Pourquoi ? Parce qu'il échappe encore au vernis social. Au cours de son éducation, on lui apprendra tout simplement à mentir : « Surtout, tu dis que tu aimes ce cadeau, même si tu ne l'aimes pas, pour ne pas froisser ta grand-mère ! »

Ceci étant dit, les enfants ont tendance à nous induire en erreur, et à leur insu.

Plus l'enfant sera en bas âge, plus il sera difficile d'interpréter ses propos. À titre d'exemple, un enfant de 3 ans dit environ 300 mots quand il en comprend 3 000. La détection du mensonge étant, en partie, basée sur le contenu des déclarations (verbal), un vocabulaire limité donnera lieu à des interprétations biaisées. De plus, la façon dont les choses sont dites (paraverbal) est un prérequis à la détection du mensonge. Un enfant commettant régulièrement des pauses, se reprenant ou bégayant est trompeur.

Les enfants ont également une fâcheuse tendance à altérer la réalité, en l'alimentant de fantasmes, de lectures, d'histoires racontées ou de souvenirs déformés. Certains s'approprient parfois des événements jamais vécus, et finissent par se convaincre de les avoir vécus. Quand on sait qu'il n'est rien de plus dur que d'essayer de détecter le mensonge chez quelqu'un qui est persuadé de ce qu'il dit, la tâche peut vite s'avérer très compliquée.

Pour finir, l'appréhension de la détection du mensonge est généralement plus faible chez les enfants, qui ne sont souvent pas conscients des conséquences de leurs actes. Du coup, ils manifestent peu d'anxiété, de peur ou de culpabilité, qui sont de précieux signaux pour repérer le mensonge.

Donc prudence !

Nous ne voulons pas connaître la vérité

La vérité est parfois douloureuse à entendre. Pour de nombreuses raisons qui leur sont propres, certaines personnes choisissent délibérément de se couper de la réalité. Bon nombre de femmes pressentent l'infidélité de leur mari, mais par souci de conformisme (même si le divorce est en passe de battre le mariage), de peur de se retrouver dans une situation financière difficile ou encore d'affronter le regard des autres, elles se couvrent le visage d'un masque opaque. À tout moment, elles peuvent décider de lever le voile tissé de mensonges, mais cependant optent pour l'immobilisme. Ce phénomène n'est bien entendu pas propre aux femmes. Il s'applique à tout le monde. C'est la peur des conséquences qui dictera le regard que nous déciderons de porter.

Les gens adorent que l'on parle d'eux

C'est un défaut de l'homme et il est exploité depuis la nuit des temps par bon nombre de professions et d'arnaqueurs en tout genre. La voyance repose entièrement sur ce phénomène. Pourquoi franchir la porte d'une diseuse de bonne aventure ? Pour se conforter dans l'idée que l'on se fait déjà de soi. Pour être le centre de l'attention pendant trente minutes ou une heure. Tout dépend de votre générosité et de votre carence affective.

Qui n'apprécie pas être le centre de l'attention ? Peu de personnes, voire très peu. Et les menteurs le savent bien. Ils usent et abusent de ce ressort pour lever les barrières défensives que pourraient ériger certains esprits critiques. La flatterie enrobe les mensonges, les rendant beaucoup plus comestibles.

L'homme se satisfait de peu

Nous avons une propension naturelle à nous satisfaire de ce que nous entendons, observons ou découvrons. Quand une pièce du puzzle est manquante, bien évidemment, le vide nous appelle à la curiosité ou à l'analyse. Cependant quand la pièce est déformée, trop grande ou trop petite, nous avons tendance à l'accepter car, très souvent, nous ne faisons pas l'effort de nous interroger sur la réalité. Par conséquent, les choses sont validées, sans double contrôle.

Certes, certains milieux nous poussent à développer un esprit critique, comme la politique ou les médias. Pourquoi prenons-nous un tel recul ? Parce que nous sommes des gens éclairés ? Pas du tout. C'est simplement la résultante de nombreux scandales ayant entaché la crédibilité de ces milieux qui nous pousse à adopter une attitude distanciée.

Les gens ne regardent pas les bons indices de tromperie

Bercés par la littérature erronée, les fictions policières, les bons conseils des « potes » et quelques recettes de grand-mère, les gens ont tendance à observer des signaux qu'ils estiment fiables dans le cadre de la détection du mensonge, alors qu'ils ne le sont pas. À titre d'exemple, le contact oculaire. Regarder une personne dans les yeux est considéré comme un indice d'honnêteté et de confiance. C'est réconfortant de se le dire, mais dangereux de le croire. Il existe de trop nombreux paramètres gravitant autour du contact oculaire pour pouvoir établir une corrélation avec le mensonge. Et, pour tordre définitivement le cou à cette idée reçue, sur les nombreux cas auprès desquels j'ai été amené à travailler, il est ressorti qu'approximativement 50 % des menteurs regardent dans les yeux, et 50 % détournent le regard.

Mieux vaut **regarder dans les yeux**

Le contact oculaire est, de loin, l'indice de tromperie jugé le plus fiable par les gens.

Pour l'évaluer, j'ai testé 98 personnes (50 hommes et 48 femmes), âgées de 19 à 55 ans, issues de catégories socioprofessionnelles diverses et de métiers différents : cadres, ouvriers, dirigeants, infirmières, informaticiens, agents techniques, architectes, policiers, gendarmes, avocats, chercheurs, restaurateurs, agents immobiliers, enseignants et étudiants.

Au cours de l'expérience, je leur ai projeté 12 vidéos de témoignages émanant de 12 personnes différentes, et j'ai demandé aux participants d'évaluer la crédibilité des propos. Le choix imposé se limitait à « propos honnêtes » ou « propos mensongers ». Les 12 personnes relataient chacune un accident qu'elles avaient « pu avoir » au cours de leur vie. Voici comment j'avais préalablement constitué mon pool de profils sans, bien évidemment, le révéler aux participants :

- 6 profils qui maintenaient le contact oculaire dans plus de 75 % du temps ;
- 6 profils qui maintenaient le contact oculaire dans moins de 40 % du temps.

Ce que j'avais également caché aux participants, c'est que les 12 profils racontaient tous une expérience réellement vécue. Ils étaient donc tous honnêtes.

> Les résultats du test ont été édifiants.
>
> Les propos des 6 profils, dont le contact oculaire était supérieur à 75 %, ont été jugés honnêtes par 73 % des participants, ce qui représente un très bon score. Mais attendez de voir la suite. Les propos des 6 profils au contact oculaire pauvre ont été jugés mensongers par 76 % des participants, alors qu'ils étaient tous honnêtes ! Le bilan du test montre clairement l'importance démesurée accordée au contact oculaire.
>
> Le regard ne peut être considéré comme un indicateur de tromperie en soi. C'est l'écart par rapport à la *baseline* qui peut constituer un indice de stress ou de tromperie. Si vous jugez un introverti sur la base de son contact oculaire, vous risquez de lui lancer des pierres chaque fois qu'il ouvre la bouche !

Il existe de nombreux autres indices interprétés à mauvais escient, qui seront développés plus amplement dans le chapitre 2 (« Avoir conscience des idées reçues »).

Ceci pour conclure que si vous ne regardez pas où il faut, votre analyse sera très certainement fausse.

Le mensonge est trop souvent associé au stress

Ce constat s'inscrit en complément du point précédent. Non seulement les gens ont tendance à détecter des signaux de mensonge qui n'en sont pas, mais en plus ils ont la fâcheuse manie d'associer le stress à l'idée de mensonge, ce qui les conduit à tirer des conclusions beaucoup trop hâtives.

Prenons un exemple. Vous êtes policier et vous interrogez la mère dont l'enfant a disparu. Chaque fois que vous évoquez le prénom de l'enfant, la mère passe la main dans ses cheveux, manie frénétiquement son stylo, se repositionne sur sa chaise, provoquant un malaise apparent. Est-elle coupable d'infanticide pour autant ? En aucun cas vous ne pourrez le savoir à l'aune de ces indices. Le prénom de son enfant peut simplement faire resurgir des souvenirs enfouis, traduire un sentiment de manque, ou tout autre chose. Vous constatez un stress évident, mais de là à l'associer au mensonge, il y a du chemin à parcourir.

Les mensonges les plus nombreux sont de faible incidence

Plus l'enjeu est important, plus le corps sera enclin à réagir en conséquence. De ce fait, les petits mensonges aux conséquences dérisoires seront d'autant plus difficiles à détecter. Sachant qu'ils sont plus nombreux que de graves mensonges, puisqu'ils composent et maintiennent le tissu social, cela fait de nous, statiquement, de piètres détecteurs. Pour contrebalancer ce point, il est cependant préférable de révéler au grand jour des mensonges aux conséquences désastreuses et d'ignorer des « mensonges blancs », plutôt que le contraire.

La différence est souvent subtile entre mensonge et vérité

Même si l'enjeu joue un rôle d'amplificateur comportemental, la différence entre vérité et mensonge est souvent subtile. On souhaiterait tous pouvoir identifier le mensonge par le biais de comportements très expressifs. Or, la réalité montre que non seulement, dans la plupart des cas, le comportement du menteur est proche de celui d'une honnête personne, mais encore, quand différences il y a, elles sont souvent marginales. Donc d'autant plus difficiles à repérer pour un néophyte.

Il n'existe pas d'indice de tromperie universel

C'est la question que l'on me pose le plus souvent lors de déjeuners ou de dîners, dès lors qu'on apprend mon métier : « Tu peux nous donner un truc infaillible pour griller un menteur ? » Ma réponse est toujours la même : « Il n'y en a pas ! » Et je pars dans une explication de quinze minutes. Sachez simplement que nos comportements sont tellement singuliers et spécifiques que nous réagissons tous différemment en fonction des situations, de ceux qui nous interrogent, du contexte et de nombreux autres paramètres, qu'il serait inconsidéré de réduire l'idiosyncrasie à des comportements prototypiques universels. Malheureusement, le nez de Pinocchio qui s'allonge au gré de ses mensonges relève du domaine de la fiction. Et il est sage de toujours distinguer fiction et réalité, dès lors que l'on traite de sujets importants.

Le retour sur expérience est peu disponible

On apprend de ses erreurs et du feed-back des autres. Ce n'est pas l'expérience qui épaissit notre cuir, c'est l'apprentissage de l'expérience. Dans le premier cas, nous sommes passifs ; dans le second cas, nous sommes acteurs et nous progressons. Le problème de la détection du mensonge est le manque de retour sur expérience. Sauf situations particulières, comme les interrogatoires où les preuves permettent de confirmer une analyse comportementale, dans de nombreux cas les hypothèses ne peuvent être vérifiées, car les situations ne le permettent pas. À titre d'exemple, vous menez une négociation difficile et la partie adverse formule un ultimatum. Sauf à être en possession d'informations que l'autre ignore, il vous sera toujours très compliqué d'établir la crédibilité de l'ultimatum, une fois l'avoir traité. C'est précisément ce manque de retour sur expérience qui nous empêche d'apprendre de nos erreurs.

Les relations sociales ne nous permettent pas d'extraire l'information

La capacité à être un bon détecteur de mensonges repose sur deux compétences fondamentales. D'une part, l'aptitude à détecter et décoder le verbal, le paraverbal et le non-verbal. Et, d'autre part, l'art d'extraire l'information, c'est-à-dire d'amener l'autre à révéler ce qu'il a décidé de cacher, retenir ou déformer. Dans un interrogatoire ou une audition, vous avez la latitude d'aller chercher l'information, puisque les règles sont établies et connues. Dans une négociation, une interview ou un échange informel, les codes sociaux restreignent votre périmètre d'intervention, ce qui rend le mensonge plus difficile à découvrir. Vous pressentez que votre patron vous ment. Allez-vous pour autant l'acculer afin d'obtenir la vérité ? C'est très peu probable.

Certaines personnes sont exceptionnellement douées pour mentir

Ils ne sont pas nombreux, mais ils existent. On peut distinguer deux catégories particulièrement douées pour mentir : les psychopathes et les menteurs expérimentés.

Les psychopathes prennent un malin plaisir à tromper l'autre, juste pour le plaisir de le faire. Leur appréhension de la détection est relativement faible, voire nulle sur le long terme si leurs crimes et leurs mensonges ne sont pas découverts, et leur comportement ne reflète pas les conséquences de leurs actes, le rendant difficile à interpréter.

Les menteurs expérimentés, quant à eux, progressent au rythme de leurs succès. Plus leurs mensonges passeront inaperçus, plus ils gagneront en confiance, ce qui leur permettra de se constituer une carapace hermétique à l'appréhension de la détection.

Encore une fois, fort heureusement ils ne sont pas nombreux, mais il faut savoir qu'ils existent.

Cette liste d'obstacles n'a pas pour vocation d'être exhaustive, mais elle a le mérite de recenser les principaux facteurs qui peuvent aveugler notre jugement. Nous avons tous une perception du monde différente et notre sensibilité face à ces causes est différente d'un individu à l'autre. L'important est, avant tout, d'être conscient de leur existence, quand notre radar est en marche.

OÙ PLACER LE CURSEUR DE L'ÉTHIQUE ?

Je ne pourrai clôturer ce chapitre sans aborder la notion d'éthique dans le mensonge. Toujours au cœur de l'actualité, elle renforce les clivages et cristallise les guerres de position. Mon objectif n'est pas d'ouvrir un débat philosophique. Loin de là, et ce n'est en aucun cas le sujet de cet ouvrage. Je souhaite cependant alerter le lecteur sur une question qu'il est préférable qu'il se pose dans sa quête de vérité : la fin doit-elle justifier les moyens ?

Nos sociétés reposent sur un paradoxe avec lequel nous vivons confortablement. D'une part, nous érigeons l'honnêteté en valeur indétrônable. Mais, d'autre part, nous optons pour le mensonge, dès lors que nous considérons la vérité comme difficile à entendre.

Est-ce réellement mal de mentir ?

Deux camps s'opposent sur le sujet.

L'approche manichéenne consiste à considérer le mensonge comme un élément perturbateur et négatif. Par conséquent, ses partisans prônent une vérité contre vents et marées, tout en assumant les conséquences. Toute vérité est donc bonne à dire et à entendre. Surtout concentrés dans des groupuscules politiques, ces adeptes de vérité absolue sont peu nombreux.

À l'inverse, l'approche relativiste considère que le contexte dicte les réponses. Ce qui signifie qu'il est parfois nécessaire de s'adapter aux situations. Le mensonge est alors accepté quand il sert un intérêt supérieur ou une cause estimée « juste ».

Se pose alors la question de savoir où établir la frontière entre ce que l'on juge nécessaire et ce que la société considère ? Qui peut réellement juger, au final ?

Il n'existe aucune réponse intemporelle et intangible. Je pense foncièrement que c'est la situation qui appelle à la réflexion et à la prise de décision. Nous condamnons le mensonge dès lors que nous nous sentons lésés, trompés ou trahis. Les scandales politiques, financiers ou encore humanitaires sont, certes, délictueux et répréhensibles, mais ils ont l'immense avantage de transcender les clivages, puisque tout le monde s'insurge au nom d'une morale bafouée. C'est le cas de l'affaire Cahuzac, qui a fait couler beaucoup d'encre, à droite comme à gauche.

L'histoire est un formidable miroir dans lequel nous regardons pour nous permettre de contempler le présent différemment. Oui, mentir, c'est mal, et tout le monde partage ce point. C'est comme déclarer : « Je suis contre la guerre et la famine. » Cela ne mange pas de pain et donne bonne conscience. Maintenant, si Neville Chamberlain, Premier ministre du Royaume-Uni, avait piégé et trompé Hitler lors de leur rencontre en septembre 1938, d'une manière ou d'une autre, dans le but de sauver 64 781 162 vies, le recours au mensonge aurait-il été acceptable ?

Est-il tolérable de tromper un fou qui menace de faire exploser une bombe nucléaire sur une ville de 200 000 habitants ?

La plupart des gens considèrent que ces méthodes sont nécessaires. Pourquoi ? Parce que deux extrêmes s'opposent. D'un côté, un homme, détesté par l'opinion publique pour ce qu'il est et ce qu'il pense, et, de l'autre, des innocents, adoptés et aimés pour ce qu'ils représentent et auxquels on s'identifie. Le choix n'est pas si compliqué, au final, et il se traduit de la manière suivante : ne rien faire – ou – punir un fou et sauver des gens. La fin justifiant les moyens, le mensonge devient une formalité et l'éthique se voit attribuer une nouvelle définition pour les besoins du contexte.

Maintenant, quand les extrêmes se rapprochent et que les enjeux sont moindres, le choix n'est plus aussi évident. Vous êtes vendeur d'aspirateurs. Votre client est sur le point de réaliser une très belle affaire : un aspirateur à 99 euros, alors que la concurrence le propose à 119 euros (information vérifiée par le client). La seule chose qui diffère et que votre client ignore, est la garantie : votre aspirateur n'en possède pas. La garantie est de deux ans chez la concurrence. Choisissez-vous de le signifier à votre client ou décidez-vous de vous taire ? Chacun a sa propre réponse, toujours agrémentée de raisons plus valables que d'autres.

L'éthique : un concept mouvant

Où donc placer le curseur de l'éthique ? Le curseur effectuera des va-et-vient pour chaque nouvel avis récolté. C'est la caractéristique de l'homme. Notre perception est avant tout façonnée par nos cercles d'influence, nos croyances, notre éducation, notre milieu, notre religion, notre genre et même notre âge.

Par conséquent, l'éthique reste un concept mouvant, rendant la catégorisation du mensonge d'autant plus difficile.

De ce fait, je pense qu'il n'est pas utile de vouloir cataloguer le mensonge. Chaque situation nouvelle appellera nécessairement une nouvelle réflexion, une nouvelle confrontation, une nouvelle concession pour, finalement, aboutir à une nouvelle conceptualisation.

Il est nécessaire, par contre, de connaître le périmètre de son système de valeurs et ce que la société impose. En confrontant ces deux données, vous savez évaluer et assumer les conséquences de vos actes.

C'est, au final, ce qui fait tourner ce monde.

Quand la médecine pactise avec le **racisme**...

De 1932 à 1972, une étude clinique fut conduite à Tuskegee, en Alabama, par des médecins américains et diligentée par l'institut sanitaire United States Public Health Service, pour étudier l'évolution de la syphilis lorsqu'elle n'était pas traitée. La syphilis est une infection bactérienne qui se caractérise par des lésions de la peau et des muqueuses.

L'étude porta sur 399 métayers afro-américains pauvres, atteints de syphilis latente.

Les médecins leur mentirent en diagnostiquant du « mauvais sang » dans leur corps. En échange de leur participation à l'expérience, les patients pourraient recevoir des traitements gratuits, le transport gratuit à la clinique, un repas chaud par jour et, en cas de décès, 1 000 dollars pour les funérailles (sous réserve d'une autopsie).

Devant de telles conditions, les patients acceptèrent l'expérience. En réalité, aucun d'entre eux ne reçut de soins relatifs à la syphilis. De plus, les médecins firent en sorte de cacher les bienfaits de la pénicilline, qui devint, dès 1943, le traitement le plus efficace contre la syphilis. Le but était avant tout d'observer l'évolution de la maladie dans le corps des métayers noirs.

Alors que certains patients, volontaires pour combattre au front, s'étaient vu demander par l'armée de suivre le traitement à base de pénicilline, les médecins les en dissuadèrent, leur empêchant ainsi de se soigner et de s'enrôler.

L'étude se poursuivit jusqu'en 1972, lorsqu'une fuite dans la presse y mit fin. Le 26 juillet 1972, la première page du *New York Times* mentionnait : « Des victimes de la syphilis sans traitement pendant quarante ans avec le consentement du gouvernement. » L'article révéla que ce fut l'expérience non thérapeutique la plus longue jamais réalisée sur des êtres humains dans toute l'histoire de la médecine.

Ce scandale contribua fortement à la rédaction du rapport Belmont en 1979, qui posa les principes fondamentaux de bioéthique en matière d'expérimentation humaine.

LA LECTURE COMPORTEMENTALE : DÉCRYPTER L'INVISIBLE

> *“Lying is like alcoholism. You are always recovering[1].”*
>
> Steven Soderbergh

---

1. Le mensonge est comme l'alcoolisme. On est toujours en rémission.

Comme nous avons pu le voir, nous ne sommes naturellement pas très doués pour détecter le mensonge, même si nous pensons l'être.

Il y a deux façons de réagir face à ce constat.

La première est de l'accepter comme une fatalité car, au final, sauf expériences significatives et éprouvantes, nous ne sommes pas si malheureux que cela. Donc la vie peut continuer ainsi et, alors, il est préférable de fermer ce livre. Reste simplement à espérer qu'un mensonge, que vous auriez pu découvrir, ne vous portera pas préjudice un jour. Et cela, je vous le souhaite sincèrement.

La seconde façon de considérer les choses est de transformer ce piètre bilan en opportunité. Vous faites alors le choix de l'apprentissage pour pouvoir progresser. Si certains ouvrages vous promettent de devenir des polygraphes humains en 60 minutes, la réalité est malheureusement différente. Au risque d'user d'un poncif, *la route est longue*, car le premier travail à faire est sur soi-même.

Changer sa façon de regarder le monde, après vingt, trente, quarante années de fonctionnement logique, n'est pas simple. Il est souvent nécessaire de déconstruire ses propres modèles pour pouvoir en intégrer de nouveaux. Ce qui veut dire *accepter* de remettre en cause certaines croyances et comportements.

Mais ce n'est pas tout. C'est la curiosité pour le genre humain qui sera votre principal moteur. Observer, détecter, interpréter, revenir en arrière, établir une hypothèse pour la confirmer ou l'infirmer, requiert bien évidemment de la volonté, mais surtout de la curiosité. Colette disait à juste titre : « *On ne fait bien que ce qu'on aime.* » En lecture comportementale, il n'y a rien de plus vrai.

Au-delà de la remise en cause de vos modèles, il vous faudra beaucoup de bon sens. Certains détiennent les meilleurs outils, ont bénéficié des meilleures formations mais, pour autant, n'assemblent pas nécessairement les bonnes pièces du puzzle quand la situation l'exige. Il existe la logique générale, mais également la logique propre à la détection du mensonge. De nouveaux repères imposant la création de nouveaux liens entre eux, c'est toute une gymnastique intellectuelle qui est requise. Il est une chose d'apprendre de nouveaux modèles. Il en est une autre de savoir les mettre en musique.

Si vous êtes capable de réaliser ce travail, alors vous progresserez. De combien ? Tout dépendra de vous. En règle générale, une personne est capable de déceler le mensonge cinq fois sur dix quand elle fait preuve d'observation consciencieuse. En lisant cet ouvrage, entre autres, et le plan d'action idoine que vous déciderez de mettre en œuvre, vous pourrez espérer détecter le mensonge huit fois sur dix, voire un peu plus. Encore une fois, il est inutile de se bercer d'illusions. Personne n'est capable de détecter tous les mensonges qui se présentent, les paramètres étant parfois trop complexes.

Si cette introduction sommaire stimule votre soif de connaissances, alors je vous invite à plonger dans ces prochaines pages, qui, j'espère, vous aideront à mieux comprendre le comportement humain.

> **À noter**
>
> Ce n'est pas parce qu'un individu n'exprime pas de signaux de tromperie qu'il dit pour autant la vérité.

RECOURIR AUX APPROCHES SCIENTIFIQUES POUR MIEUX COMPRENDRE LE COMPORTEMENT HUMAIN

Comprendre le comportement a toujours fasciné l'être humain. À travers les âges, de nombreux chercheurs, penseurs ou philosophes ont tenté d'extraire un peu de rationnel et d'universalité de comportements différents, singuliers et particuliers. Au final, le corps n'émettrait-il pas des signaux intangibles et identiques quelle que soit la situation ?

Jusqu'au XIXe siècle, la plupart des ouvrages centrés sur le comportement et la détection du mensonge revêtaient un caractère spirituel, voire fantaisiste. L'« âme » se voyait porter la responsabilité de nombreux maux. On expliquait l'activation musculaire faciale par des conflits internes entre le mal et la pensée. Ou encore la dilatation de la pupille pouvait révéler une lycanthropie latente.

Le sérum de vérité *existe bel et bien !*

Effectivement, il existe. Mais les effets sont évidemment à relativiser.

Le sérum de vérité, tel qu'il est inscrit dans l'esprit populaire, est une substance utilisée pour obtenir des informations auprès de sujets réfractaires.

Son existence remonte à l'Antiquité. Le premier sérum de vérité n'était autre que l'alcool, bien connu pour ses effets psychotropes. La molécule d'éthanol, en agissant au niveau du système nerveux central, ralentit les fonctions cognitives et la capacité de jugement. Les inhibitions étant levées, le sujet se livre malgré lui. Aujourd'hui, certaines unités de police à travers le monde ont encore recours à ce type de méthode.

Outre l'alcool, d'autres substances sont également connues pour leurs vertus similaires : le cannabis, le LSD, les champignons hallucinogènes, l'opium ou encore la morphine. La plus célèbre de toutes est sans nul doute le thiopental sodique, plus connu sous l'appellation commerciale Penthotal. Ce barbiturique à effet rapide est notamment utilisé pour induire l'anesthésie avant l'injection d'autres produits anesthésiques en France et dans d'autres pays européens. Le cerveau est alors mis en veille, les mouvements se ralentissent ainsi que la respiration.

La littérature et le cinéma ont fait la part belle au sérum de vérité. En 2004, dans le film *Mon beau-père et moi*, Robert De Niro, un ancien agent de la CIA, obtient des confessions de son gendre, interprété par Ben Stiller, grâce à cette puissante substance. Le Veritaserum, qui porte bien son nom, a été utilisé sur les sbires de Voldemort, dans *Harry Potter*.

Qu'en est-il réellement de ce sérum ? Bon nombre d'études ont prouvé que les informations extraites *via* ces différentes substances sont peu fiables. Les sujets ont tendance à mélanger fiction et réalité, à bredouiller des choses incompréhensibles qui, ensuite, sont livrées à l'interprétation des interrogateurs. Certains individus sont même capables de mentir, bien que sous l'effet d'anesthésiants.

Malgré ce constat, ce sérum est toujours utilisé dans certains pays. En Inde, l'administration du sérum est autorisée par la Cour suprême si le sujet est consentant. Cette technique est appelée *narcoanalyse* dans le jargon policier et judiciaire. Récemment, au Colorado, le juge en charge de l'affaire James Holmes, le responsable de la tuerie d'Aurora en 2012 lors de la projection du film *Batman The Dark Knight Rises*, a approuvé l'utilisation du sérum pour déterminer si le suspect était conscient de ses actes au moment des faits…

Avec l'avancée de la médecine, accompagnée de la technologie, les XXe et XXIe siècles ont ouvert la voie à l'approche scientifique. L'ésotérisme s'est vu bousculé pour laisser la place à des procédés de recherche et d'observation. Des critères d'évaluation factuels ont alors vu le jour pour infirmer ou confirmer certaines hypothèses en y intégrant le genre, l'âge, la culture, la catégorie socioprofessionnelle, l'héritage génétique, l'éducation, le langage ou encore la pathologie.

Voici les quatre approches scientifiques majeures, actuellement utilisées dans le cadre de la détection du mensonge. Pour chaque approche, j'ai tâché de mettre en évidence leurs forces et leurs limites.

La réaction émotionnelle : conséquence d'un conflit de valeurs interne

Cette approche repose sur nos valeurs liées à l'éthique et à l'éducation.

Les sociétés, par nécessité de survie, de cohésion et de développement, stigmatisent le mensonge. Ainsi, on nous apprend qu'il est « mal » de mentir pour diverses raisons. La première étant qu'on ne voudrait pas être soi-même trompé par l'autre. On y associe alors une notion « négative » et délictuelle, pour faire naître en nous des sentiments conflictuels. Par « conflictuel », j'entends des émotions avec lesquelles nous vivons difficilement, car opposées ou distantes des valeurs issues de notre éducation. Nous pouvons distinguer trois émotions, qui manifestent en nous des réponses physiologiques.

- **La peur, un phénomène incontrôlable**

La peur est une émotion qui s'active involontairement avant le danger. Dans le cas du mensonge, le danger est très souvent associé aux conséquences négatives à l'idée d'être démasqué.

Un criminel s'exposant à vingt ans de prison réagira très probablement par la peur d'être condamné, si son faux alibi était découvert.

- **La honte, une affaire de culpabilité**

La honte se traduit par le sentiment d'avoir commis une action indigne de soi. C'est avant tout l'écart par rapport à notre propre cadre de référence, modelé par notre éducation et notre environnement socioculturel, qui peut faire surgir en nous un sentiment de honte. Contrairement à la peur, les conséquences sont très généralement marginales et court-termistes.

Une personnalité connue, prise en photo nue dans son jardin, profitera du fait que le cliché est flou pour démentir toute rumeur. C'est la honte d'être révélée dans sa tenue d'Ève aux yeux de tous qui pourra la trahir.

▪ L'excitation, une émotion positive

Qualifiée sous le terme « *duping delight* » par Paul Ekman, l'excitation comprend les émotions positives liées à la façon de mentir. Certains prennent du plaisir à mentir, et plus particulièrement à induire les gens en erreur. C'est une émotion qui peut parfois surgir chez l'individu, et donc le trahir.

Un riche homme d'affaires, par le biais de montages financiers complexes mais malhonnêtes, qui parvient à se défaire de la brigade financière, peut ressentir de l'excitation en témoignant. Sûr de lui, il sait que la vérité ne sera jamais découverte. Ce sentiment émane très souvent de personnes se croyant au-dessus des autres.

Cette approche est dite « liée au stress », puisque l'on considère que ces émotions, sauf l'excitation, provoqueront chez l'individu des réactions physiologiques associées au stress. Le rythme cardiaque s'accélère, la pression artérielle également, la transpiration est visible et le timbre de voix altéré. Cette méthode fonctionne donc si le menteur ressent de l'appréhension à la détection du mensonge. Il se trahit par le stress qu'il exprime malgré lui.

Le problème, c'est que l'on peut ressentir de l'anxiété pour autant de raisons qui ne sont pas liées au mensonge. Simplement le fait d'être accusé à tort pourra provoquer en vous autant de stress qu'un criminel accusé à raison. De plus, l'environnement lui-même peut être anxiogène. Une pièce blanche de 10 m², composée de deux chaises et d'une table, peut générer des réactions émotionnelles comparables chez une personne honnête et un menteur, avant même que l'interrogatoire n'ait commencé. La façon dont les questions sont posées peut aussi susciter de l'anxiété. Et ce que vous imaginez que l'autre connaît également. Autant d'exemples qui montrent que le stress n'est pas associé au mensonge, mais au contexte, à l'environnement ou encore aux personnes présentes.

Et que dire des personnes qui n'éprouvent pas de culpabilité ? Les menteurs expérimentés ou certaines personnalités pathologiques souffrent dans une moindre mesure, ou ne souffrent pas du tout, de l'appréhension à la détection. Du coup, leurs réactions émotionnelles peuvent être comparables à un électroencéphalogramme plat. Je grossis volontairement le trait à l'aide de cet exemple. Deux individus suspectés de vol sont interrogés. Celui qui a réellement commis le délit est un menteur expérimenté, et grâce à ses « nombreuses années de vol » (sans mauvais jeu de mots), au fait qu'il n'a jamais été appréhendé, qu'aucun de ses mensonges n'a été révélé au grand jour, il est plus calme et confiant que l'interrogateur. À l'inverse, celui qui se tient dans la pièce d'à côté est honnête, mais pris de panique à l'idée d'être accusé à tort. Imaginez même pire. Il pense être auditionné pour un délit mineur qu'il a commis il y a deux ans de cela. Il transpire, se repositionne sans cesse sur sa chaise, imagine ce que pourraient penser ses parents s'ils apprenaient où il se trouve actuellement. Son cœur bat la chamade et, malgré ses efforts, il ne parvient pas à se calmer. Si l'interrogateur devait suivre à la lettre cette approche, qui accuserait-il ? La personne honnête effectivement !

Le processus cognitif au cœur du mensonge

Cette approche repose sur le fait qu'un menteur sollicite davantage ses facultés cognitives qu'une personne honnête. Par conséquent, cette charge cognitive viendra peser, tel un fardeau, sur les dires du menteur, ce qui tendra à provoquer des interférences de plausibilité (incohérences, anachronismes, faux questionnements, temps de réponse, clignement des yeux…). Comment expliquer ceci ? Par différentes raisons.

Tout d'abord, le mensonge requiert un effort cognitif. Pour mentir, il faut être capable de créer un mensonge, c'est-à-dire d'imaginer une situation, un lieu, des personnes, des dires ou toute autre chose altérant la réalité. Ensuite, il est nécessaire de maintenir le mensonge à flot, pour s'assurer de sa plausibilité constante. Si une question nécessite de fournir des détails supplémentaires, ceux-ci devront être cohérents par rapport au reste du mensonge. Sans quoi la personne sera démasquée. C'est précisément la construction du mensonge et son développement qui requièrent des efforts mentaux particuliers. La vérité, quant à elle, est instantanée. Elle ne nécessite donc pas d'efforts pour être livrée.

Ensuite, à la différence des personnes honnêtes, les menteurs s'évertuent sans cesse à être crus. Ils vont, par conséquent, redoubler d'efforts en termes d'imagination, de création ou d'argumentaire, pour tenter de convaincre l'autre. Cet acharnement viendra renforcer la charge cognitive.

Un élément à prendre également en compte est la crédibilité. Le menteur va considérer, souvent à juste titre, que sa crédibilité n'est pas prise pour argent comptant. De ce fait, il va tenter, d'une manière ou d'une autre, de savoir ce que la personne en face connaît réellement. Il orientera alors le discours en conséquence, posera des questions faussement anodines, établira des hypothèses pour ensuite les infirmer ou les confirmer en fonction de la conversation. Une personne honnête ne vit pas avec toutes ces réflexions. Le menteur, quant à lui, subira malgré lui ces contraintes.

Et, pour finir, mentir implique de se souvenir. Les situations où le mensonge est formulé et où tout le monde passe à autre chose sont rares. Un mensonge, quel que soit son caractère, fait écho en durée et en distance. Et, dès lors que le menteur est sollicité, notamment par une tierce personne sur le sujet concerné, il va devoir se remémorer en totalité ce qu'il a pu dire ou faire, pour éviter d'être démasqué. Ce plongeon dans le passé va nécessiter des efforts cognitifs particuliers qu'une personne honnête n'aura pas à faire, puisque la vérité peut être livrée à tout moment sans construction ou altération.

Ces quatre éléments contribuent donc à alourdir la charge cognitive et à provoquer chez les menteurs des comportements trompeurs. À titre d'exemple parmi tant d'autres, un menteur acculé, tâchant de maintenir un discours plausible, pourra demander que la question soit répétée, alors qu'il l'avait parfaitement entendue. Ou encore, il pourra observer un temps de réponse de deux secondes à la question, alors que ses réponses sont normalement instantanées.

Maintenant que nous nous sommes dit tout ceci, doit-on considérer que tout le monde subit, de façon égale, une même charge cognitive ? Non. Reprenons l'exemple des menteurs expérimentés. Le mensonge faisant partie de leur mode de fonctionnement, leurs efforts cognitifs sont relativement faibles ou inexistants. Certains sont capables de maintenir des conversations tissées de mensonges pendant deux heures sans ressentir la moindre nécessité de se concentrer sur ce qu'ils racontent.

Les beaux parleurs, qui manient habilement le verbe, sont également moins sujets à la charge cognitive, du fait de leur aisance et de leur adaptabilité aux situations.

Et, pour finir sur les limites de cette approche, l'omission permet de faire fi de tout effort cognitif. Je peux décider de retenir volontairement une partie des informations, c'est-à-dire ne pas les partager, pour éviter de devoir me les rappeler. Ainsi, je me prémunis contre le danger. Par conséquent, la charge cognitive ne m'impacte pas.

La tentative de contrôler son corps

Cette approche réside dans le fait que notre corps révèle, malgré nous, nos pensées.

Par conséquent, les menteurs vont tenter d'exercer une action sur leur corps pour ne pas se trahir.

Ce qui est observé, dans bon nombre de cas, est un contrôle total du corps, donnant lieu à des comportements rigides et inhabituels. Du coup, en espérant jouer la carte du naturel, ils expriment une attitude opposée et suspicieuse.

Également, certaines personnes vont feindre la tristesse pour s'attirer certaines grâces ou faveurs. Si l'on connaît les muscles faciaux relatifs à la tristesse, une mauvaise activation pourra trahir le menteur.

La notion de congruence est donc fondamentale. Harmoniser l'ensemble du corps et la parole, telle est la mission du menteur pour paraître crédible. Au même titre qu'un acteur, d'ailleurs. Un bon acteur sera capable de coordonner l'ensemble de ses mouvements, dont la voix, afin de procurer aux spectateurs une performance réaliste. *A contrario*, les mauvais acteurs se distinguent par un manque flagrant de synchronisation à la fois au niveau du comportement, mais également quand la parole accompagne le corps.

Non seulement le contrôle excessif ou maladroit du corps peut trahir le menteur, mais il peut aussi directement impacter le verbal. Ce phénomène relève de la charge cognitive. L'individu fournissant des efforts importants pour mettre en musique l'ensemble de son corps est naturellement moins disponible pour maintenir un discours et un contenu cohérents. Cela se traduit souvent par l'utilisation répétée de certains mots, des pauses plus fréquentes, un stock verbal restreint ou des silences plus nombreux.

La limite de cette approche, ce sont, bien évidemment, les menteurs expérimentés, qui ont la capacité de coordonner parfaitement l'ensemble de leurs comportements, tels d'excellents acteurs.

Également, certains individus, compte tenu de leur statut ou même de leur stature, font preuve d'autorité, ce qui peut être parfois déstabilisant. Par conséquent, des personnes honnêtes peuvent adopter des postures défensives et, surtout, perdre leurs moyens, ce qui se traduira par des asynchronismes comportementaux ou des turbulences verbales. C'est le stress qui dictera ces comportements décalés, pas le mensonge.

Pour finir, un contexte anxiogène peut provoquer ou amplifier certaines attitudes. Imaginez un claustrophobe honnête interrogé dans une minuscule pièce sans fenêtre. L'action qu'il tentera d'exercer sur son corps pour paraître calme, et surtout éviter de fausses interprétations, donnera forcément lieu à une conduite inhabituelle et suspicieuse.

L'analyse du déclaratif pour percer les incohérences

Cette approche consiste à analyser le contenu d'une conversation et la façon dont il a été formulé. Il est donc nécessaire de porter une attention toute particulière à la grammaire, aux temps, à la prosodie, au rythme, aux prédicats, ou encore à la construction.

Ainsi, des incohérences au niveau du verbal ou du paraverbal pourront trahir le menteur. À titre d'exemple, les menteurs ont tendance à fournir des détails précis, mais inutiles par rapport au sujet en cause, quand ils racontent leur version des faits. C'est justement sur ce type d'indicateurs que le détecteur de mensonges va se

À noter

Ces quatre approches présentent toutes des avantages et des inconvénients.
Certaines seront plus efficaces que d'autres selon la situation. Vous êtes, par exemple, confronté à un schizoïde, qui manifeste une froideur émotionnelle singulière, et ne semble pas ressentir d'appréhension à la détection. L'approche basée sur les réactions émotionnelles sera probablement inefficace. Vous privilégierez certainement celle de l'analyse du déclaratif, à condition qu'il accepte de se livrer.

focaliser. Ou encore, si un individu parle au passé tout au long de son histoire, sauf à un moment précis où il emploie le présent, cela peut être révélateur d'un mensonge.

La limite de cette approche est la contre-mesure. Les menteurs aguerris, soucieux de vivre longtemps de leur business, se renseignent activement sur les procédés des détecteurs de mensonges. Ainsi, une fois qu'ils ont appris les principales alertes, ils mettent en œuvre des efforts considérables pour s'assurer de passer ces étapes sans éveiller la suspicion. Si nous revenons à l'exemple ci-dessus, ils éviteront de livrer des détails précis et anodins, car ils savent que c'est un point d'alerte.

On observe également que les rhétoriciens expérimentés sont particulièrement doués pour tenir une conversation mensongère sans faire de faute de carre. S'ils finissent par se trahir dans la durée, ils feront toutefois illusion sur des laps de temps réduits.

La lecture comportementale est multiple

J'ai développé la *lecture comportementale* pour répondre précisément aux carences des techniques exposées ci-dessus. Pourquoi ne pas agréger ces quatre approches et bénéficier de leur complémentarité pour en faire une méthode complète permettant de faire face à tout type de menteur et de situation ? Je ne prétends pas être capable de démasquer tous les menteurs. Loin de là. J'entends, par contre, me doter d'outils permettant de couvrir l'ensemble de la panoplie utilisée par le menteur, et, ainsi, apporter une réflexion adéquate. J'utilise volontairement le terme « réflexion » et non pas « réponse », car la situation appelle à la réflexion et non pas à la réponse. Il n'existe, à ce jour, aucun moyen de détecter le mensonge à 100 %, à moins que ce que l'on vous rapporte soit en contradiction avec ce que vous savez. Sachant cela, il est important d'apporter une réflexion avant de tirer une conclusion trop hâtive.

La *lecture comportementale* est une méthode permettant de détecter, puis de décoder les signaux verbaux, paraverbaux et non verbaux, pour non seulement révéler les parts d'ombre, mais aussi corroborer ce qui est dit.

Par « signaux verbaux », j'entends tous les éléments relatifs au langage, comme les prédicats, les ponts, les lapsus, les ellipses, les détails, le langage distancié, les termes généraux ou encore les écrans de fumée.

Les signaux paraverbaux ont pour but de donner du relief au verbal, de le soutenir pour le rendre crédible. Ils comprennent par conséquent le rythme, la tonalité, les pauses, les silences, la ponctuation ou la latence des réponses.

Les signaux non verbaux regroupent à la fois l'activation du corps, mais également les émotions et les réponses physiologiques.

La lecture comportementale ne se limite pas à une approche linéaire à trois niveaux (verbal, paraverbal et non verbal). Elle vise également, et avant tout, à détecter le manque de coordination entre ce qui est dit et la façon dont c'est dit. C'est précisément l'asynchronisme qui trahira le menteur. De plus, en couvrant l'intégralité de la palette du comportement humain pour communiquer, on note très souvent qu'un indice de tromperie présent dans un niveau fait écho à un autre caché dans un autre niveau. Par exemple, une incohérence détectée au niveau du discours (verbal) trouvera très certainement une résonance au niveau du rythme (paraverbal) ou des expressions faciales (non verbal).

ADOPTER QUELQUES PRÉCAUTIONS

Le champ d'application de la lecture comportementale ne connaît de limites que dans celles que l'homme s'est fixées. Toute interaction sociale, qu'elle soit frontale, par le biais d'un intermédiaire, voire même épistolaire, peut donner lieu à une analyse comportementale pour vérifier la véracité des dires ou des écrits. Même passif face à l'information, c'est-à-dire assis confortablement devant votre télévision tout en regardant et écoutant les déclarations d'un politicien, vous pouvez bénéficier du regard éclairé de la lecture comportementale pour révéler le mensonge.

C'est un radar que vous activez automatiquement, dès lors que vous êtes confronté à une situation le nécessitant.

Cependant, les choses ne sont pas aussi simples qu'elles le paraissent. Il ne suffit pas de savoir que les menteurs ont une forte propension à faire telle chose pour conclure que la personne ment. Ce serait divin et rapide, mais terriblement faux et dangereux. Il est nécessaire d'intégrer certaines précautions primordiales afin d'éviter d'aboutir à des conclusions erronées et de faire de la lecture comportementale une science fantaisiste.

Je vous livre la liste exhaustive des précautions que j'ai pu construire et alimenter au gré de vingt ans consacrés à la détection du mensonge. C'est avant tout l'erreur qui m'a permis de progresser.

Je vous invite à y prêter une attention toute particulière pour vous éviter bien des déconvenues.

Comprendre l'enjeu

Beaucoup de livres nous font la douce promesse de pouvoir lire n'importe qui, n'importe quand et n'importe où. Au risque de me faire quelques ennemis ou d'en décevoir certains, cette promesse est totalement spécieuse. Pour la simple et bonne raison que la notion d'enjeu n'est pas prise en compte.

Quel est le dénominateur commun entre une négociation complexe, une interview et un interrogatoire ? L'enjeu. C'est l'essence même de ces terrains de jeu qui m'a toujours donné l'opportunité de détecter le mensonge. L'enjeu est un amplificateur, dont les ondes s'infiltrent dans le verbal, le paraverbal et le non-verbal. Ce qui veut dire que plus l'enjeu est important, plus le comportement global sera enclin à produire des indices de tromperie. Dans le cas contraire, c'est l'électroencéphalogramme plat. Sans enjeu, il n'y a pas de détection possible, sauf si, bien sûr, le contenu qui vous est livré est en contradiction avec ce que vous connaissez déjà.

Je cite souvent, lors de mes interventions, cet exemple illustrant la notion d'enjeu. Lors d'une soirée, il y a quelques années de cela maintenant, un homme bien plus âgé que moi, que je n'avais jamais vu auparavant, s'approche de moi et m'interpelle de façon provocatrice en ces termes, sans même prendre soin de me dire bonsoir : « C'est toi, le type qui repère quand on ment ? Moi, je n'y crois pas à ces trucs-là. Dis-moi, est-ce que j'ai mangé une pizza hier ? Alors ? » Autant tirer à pile ou face. Pour faire grimper mes chances, je lui réponds : « Bonsoir. Avant de vous donner une réponse, je vais vous poser trois questions. Si je trouve la vérité, vous me faites un chèque de 15 000 euros. Si je me trompe, je vous le fais. Ça marche ? » Le type est devenu livide, a souri avec mépris et est parti chercher un verre d'alcool.

Un enjeu se traduit par une perte potentielle pour celui qui décide de mentir. Cette perte peut revêtir un aspect financier, familial, affectif ou encore lié à l'image. Il n'y a pas de limites particulières. La perte englobe tout ce dont pourrait souffrir une personne ou qui pourrait lui porter préjudice. Certains chercheurs mettent également la notion de gain au cœur de l'enjeu. Par exemple, décrocher un million d'euros si le mensonge n'est pas découvert. L'enjeu est effectivement existant, mais bien moindre. Nous sommes toujours plus affectés par une perte que par un gain, pour la simple et bonne raison que notre situation ne sera pas impactée négativement si le gain n'est pas décroché.

Révéler les indices du mensonge ne permet pas d'en connaître la raison

Si la lecture comportementale peut être un formidable outil pour détecter le mensonge, au même titre que d'autres méthodes élaborées dans ce sens, aucune ne permet de savoir pourquoi les gens mentent, c'est-à-dire les motivations qui les animent.

Je suis sollicité pour assister une équipe d'auditeurs dans le cadre d'une fraude, dont le montant s'élève à plusieurs centaines de milliers d'euros. Les soupçons se portent sur un cadre à faibles responsabilités, peu estimé par la direction. Au cours de l'audition, de nombreux indices nous laissent à penser qu'il ment. Conclusion du rapport : il a volé l'argent. Pas si vite ! Effectivement, il ment, mais pourquoi ment-il, personne ne peut le savoir à ce stade-là.

L'histoire nous montrera qu'il mentait pour protéger le voleur (avec lequel il entretenait une relation extraconjugale), et qu'il n'était en aucun cas le voleur.

> **À noter**
>
> Avant toute lecture comportementale, il est nécessaire d'établir la baseline, c'est-à-dire le comportement de base de la personne. Celui-ci se bâtit en intégrant l'idiosyncrasie de la personne, non pas à l'aune des traits physiques.

La lecture comportementale permet de révéler les indices de tromperie. Mais c'est votre capacité à orienter votre interrogatoire, interview, entretien ou négociation qui vous permettra de savoir pourquoi la personne ment. Révéler est une chose. Extraire l'information en est une autre. Ce sont deux notions distinctes qu'il est nécessaire de prendre en considération, au risque de céder à l'interprétation.

L'interprétation se fonde toujours sur notre propre logique. Ce qui peut vous paraître logique ne l'est pas forcément pour l'autre. Un bon conseil : si au moins deux avis divergent pour estimer la raison d'un mensonge, arrêtez-vous là. C'est de l'interprétation.

Recontextualiser systématiquement

Le contexte définit une situation. Tout comme des éléments gravitationnels, il compose l'ensemble du décor et des interactions. Le danger est précisément d'oublier ces éléments.

Quand j'encadrais l'équipe de négociation au sein d'une multinationale, je reçus un candidat dans un petit bistrot. Lors de l'entretien d'usage, Pierre révéla à plusieurs reprises des signes d'inconfort, notamment quant à son expérience professionnelle. Je décidai d'investiguer plus en détail, sans pour autant noter d'indices de tromperie sur le verbal ou le paraverbal. Quand l'entretien toucha à sa fin, je lui demandai s'il voulait boire un verre. Il répondit positivement et s'excusa pour aller aux toilettes. Après quelques recherches et demandes de références, il s'avéra que son expérience professionnelle était tout à fait justifiée. Quelques jours plus tard, je lui confirmai son embauche. Les mois passèrent et j'oubliai ce que j'avais pu constater, jusqu'au jour où j'observai un phénomène étrange. J'étais au restaurant avec Pierre et, au cours du repas, il se leva trois fois pour aller aux toilettes. L'épisode de l'entretien me revint à l'esprit et je décidai de le partager avec lui. Il me confia n'avoir pas osé interrompre l'entretien lors de notre première rencontre, par souci de courtoisie. Pierre avait tout simplement eu envie d'aller aux toilettes, ce qui provoqua des comportements erratiques, indépendants de son CV.

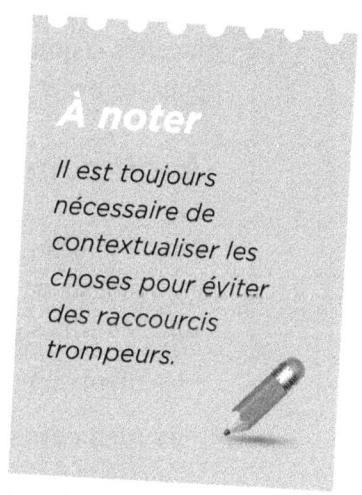

À noter

Il est toujours nécessaire de contextualiser les choses pour éviter des raccourcis trompeurs.

Dans la même veine, un interrogateur hargneux et colérique créera un environnement anxiogène pour la plupart des suspects, qu'ils soient honnêtes ou malhonnêtes.

Ne pas déduire des traits physiques un état d'esprit

Certaines analyses morphologiques associent des traits physiques à des traits de personnalité. Ainsi, la modélisation d'un visage ou les caractéristiques le composant peuvent être révélatrices de caractère ou de sensibilité. Par exemple, un grand front est synonyme de facultés cognitives développées. Les yeux bleus sont communs chez les personnes faisant preuve d'imagination. Ou encore, des rides sur la longueur du front constantes traduisent un certain mal-être. Certains vont même plus loin. La façon dont vous portez vos bagues aux doigts peut révéler votre personnalité. Deux bagues sur le même doigt peuvent révéler la malhonnêteté. Pas mal, non ? L'avantage de ces recettes est qu'elles sont souvent faciles à retenir. L'inconvénient, c'est qu'elles sont fausses et ne reposent sur aucun fondement.

Tous ces procédés occultent une notion fondamentale : l'idiosyncrasie. Si les hommes sont grossièrement identiques de l'extérieur (une tête, deux bras et deux jambes), ils sont foncièrement singuliers et différents de l'intérieur. Ainsi, deux hommes dotés respectivement d'un petit et d'un grand front ont autant de chances d'avoir les mêmes facultés cognitives que d'avoir des facultés cognitives diamétralement opposées. Et ceci s'applique pour les traits physiques.

Avoir conscience des idées reçues

Quand je débute une conférence, je demande très souvent aux participants de m'énoncer les indicateurs fiables de tromperie. Voici les cinq signaux les plus cités par ordre de priorité :

- les menteurs détournent le regard ;
- les menteurs se grattent le nez ;
- les menteurs ne tiennent pas en place ;
- les menteurs transpirent ;
- les menteurs croisent les bras.

Aucun de ces indicateurs ne relève du mensonge. Dommage.

Ils traduisent tous l'anxiété ou des comportements idiosyncrasiques. Et comme nous l'avons vu, l'anxiété n'est pas nécessairement liée au mensonge. Donc, ce ne sont pas des indicateurs fiables.

De plus, si tout le monde s'accorde pour établir les mêmes indicateurs de mensonge, cela veut dire qu'ils sont tout aussi connus des menteurs. Ce qui signifie qu'il suffit de les réprimer pour paraître honnête, non ? C'est effectivement ce que font les menteurs expérimentés ou ceux qui trompent pour le plaisir. Ils prennent volontairement le contre-pied des idées reçues pour acheter leur crédibilité. Les personnalités dyssociales tendent, par exemple, à augmenter le contact oculaire quand elles usent de la tromperie.

Quels sont donc les indicateurs fiables de tromperie ? Comme nous avons pu le voir précédemment, il n'existe pas d'indicateurs de mensonge universels. D'où la nécessité d'avoir recours à une palette d'outils pour répondre aux spécificités des personnes et des situations.

Être attentif aux faisceaux concordants

Élaborer une analyse comportementale à l'aune d'un seul indice est un pari risqué. Vous détectez un asynchronisme flagrant entre le discours et le comportement. Est-ce suffisant pour conclure que la personne ment ? L'expérience me montre que ce n'est jamais suffisant. Les enjeux étant généralement très importants, il serait inconsidéré de se fier uniquement à un signal de tromperie. Seriez-vous prêt à reconsidérer votre stratégie de négociation car votre analyse révèle que l'ultimatum n'est pas crédible ? Simplement après avoir mis en évidence un signal de tromperie ? Sachant que l'enjeu est la perte d'un client qui s'arroge 20 % de votre résultat net, soit 5 millions d'euros ? Le choix, évidemment, vous appartient.

Pour se prémunir contre d'éventuelles erreurs et éviter des écueils lourds de conséquences, je considère qu'il faut au grand minimum recueillir deux indices de tromperie. Par défaut, plus vous serez capable de récolter des indices, plus votre analyse sera juste. Si, au terme d'une minutieuse lecture comportementale, votre interlocuteur laisse fuiter cinq signaux de tromperie, qui plus est verbaux, paraverbaux et non verbaux, vos chances de voir juste sont très élevées. C'est précisément la notion de *faisceaux concordants*. Ils se recoupent tous en un seul et même point. A *contrario*, un seul indice révélé peut biaiser fortement votre hypothèse.

Prendre garde aux signes... sans signification

Quand je projette des vidéos et que je demande aux participants de partager leur analyse, quant à savoir si la personne ment ou dit la vérité, il en ressort que tout le monde fait feu de tout bois. Chacun trouve des signaux de tromperie différents, que la personne soit honnête ou malhonnête. C'est un phénomène naturel, observé dans les matières de niche. Contemplez le ciel avec un astrophysicien. S'il demande à un groupe de dix personnes de lui indiquer où se trouve la constellation de la Lyre, qui ressemble à un vautour, chacun pointera dans une direction différente, tous ayant recomposé tant bien que mal des droites pour former un vautour.

Bon nombre de signaux n'ont aucune signification. Ils font simplement partie de l'idiosyncrasie de la personne. Ces haussements rapides des sourcils, ce front qui se plisse, cette paume qui se retourne, cette bouche qui se pince, servent avant tout à donner du relief au discours. Nous exécutons tous des mouvements brefs involontairement pour ponctuer notre diction. Ils font simplement partie de notre comportement de base, et n'ont malheureusement rien à voir avec le mensonge ou l'expression d'émotions. Donc, prenez bien soin de les identifier avant toute analyse !

Cerner les différences culturelles

Quel que soit le contexte dans lequel nous évoluons, le facteur culturel est une donnée fondamentale à intégrer dans nos interactions avec des nationalités que nous connaissons peu ou pas du tout. Regardez les fautes commises par les plus hauts dignitaires en voyage à l'étranger qui ont négligé certains aspects culturels, et les réactions d'indignation de la population locale.

En lecture comportementale, si le facteur culturel est occulté, vous partez avec une marge d'erreur au moins égale à 20 %. Imaginez trente secondes que vous faites partie d'une délégation diplomatique qui vient tout juste d'atterrir sur le sol japonais. Sur le tarmac, vos homologues japonais vous saluent. Vous faites la bise à une représentante diplomatique, ignorant que ce code n'est pas admis dans leur culture. Plus tard, lors des pourparlers, chaque fois que vous lui adresserez la parole, elle manifestera de la gêne et des comportements erratiques, qui brouilleront votre analyse. C'est votre bise qui a déclenché cette conduite, non pas la façon dont vous avez mené votre conversation.

La plupart des Européens exécutent un mouvement de balancier avec la tête qui traduit « peut-être bien que oui, peut-être bien que non ». Nous savons reconnaître ce mouvement et lui octroyer une signification : l'incertitude. Si vous interrogez un Bulgare ou un Yougoslave et qu'il réalise ce mouvement, la signification sera tout autre. Cela veut dire « oui » dans leur culture. Imaginez que vous ignoriez cette information. À votre avis, dans quelle mesure sera biaisée votre lecture comportementale ? Je dirais énormément. Soyez prudent et renseignez-vous !

Observer de façon active

Carl Rogers, psychologue clinicien américain, s'est illustré par les travaux qu'il a réalisés sur l'empathie et l'*écoute active*. Soucieux de mettre au point une méthode permettant d'entrer en contact avec des patients réfractaires et de développer un lien pérenne, il élabora différentes techniques afin de décloisonner les difficultés. Par l'adoption d'une attitude neutre et résolument tournée vers l'autre, par le questionnement, par l'incitation à verbaliser les émotions, par la pratique des silences, par l'usage de la reformulation et surtout par la bienveillance, il mit au point une méthode permettant de contourner les défenses naturelles érigées par les patients difficiles. Depuis, ces techniques sont couramment utilisées en négociation.

En lecture comportementale, la capacité à observer est fondamentale. Il ne s'agit pas de regarder et d'espérer trouver quelque chose qui cloche. Il est question de curiosité bien placée et de volonté de comprendre les ressorts psychologiques qui animent l'autre. Je regroupe ce savant mélange sous le terme d'*observation active*.

> **À noter**
>
> Comprendre le monde qui nous entoure et les interactions qui le composent ne peut se faire qu'en faisant preuve d'observation dynamique.

Malheureusement, nous ne sommes pas tous égaux devant l'observation active. J'accompagne certaines personnes, désireuses de progresser dans la détection du mensonge. Pour cela, je les forme et les teste une fois par mois sur une période de six mois ou un an. J'ai remarqué que les individus égocentriques progressent beaucoup moins vite que les autres. Comme la lecture comportementale implique une attitude tournée vers l'autre, rapidement leur niveau d'attention s'étiole, tout comme leur intérêt porté pour le sujet.

Ranger son ego

La détection du mensonge est une science d'apprentissage long, mais le chemin est tellement gratifiant que cela vaut tous les efforts du monde. C'est un peu comme un accouchement. Les neuf mois de grossesse sont difficiles et frustrants, mais le bonheur à la clé fait oublier les efforts réalisés.

Cependant, être capable de voir ce que les autres ne peuvent voir peut être parfois enivrant. Et cela se traduit par des comportements qu'il est préférable de proscrire. Révéler ouvertement à une personne qu'elle ment parce que vous avez été capable de repérer des indices de tromperie flattera effectivement les pentes de votre ego. Pendant deux minutes à peu près. Ensuite, vous vous maudirez pour trois raisons principales.

Premièrement, vous lui ferez perdre la face, ce qui provoquera des réactions défensives et émotionnelles fortes, comme le déni, la mauvaise foi, la surenchère mensongère ou le mutisme.

Deuxièmement, vous brisez irrémédiablement le lien qui vous unissait. Non pas qu'il ne soit plus possible ensuite de le renouer, mais la cicatrice laisse des marques souvent indélébiles.

Et enfin, vous perdez un avantage substantiel en abattant vos cartes sur le tapis. Il est toujours plus avisé de lâcher un argument au moment opportun, c'est-à-dire quand il sert votre intérêt et préserve la relation.

Sauf à vouloir vous aliéner un individu, exposer ce que vous avez été capable de percevoir pour satisfaire votre ego ne vous profitera guère. Si vous êtes, par contre, capable de capitaliser sur cette information afin de réorienter votre conversation en conséquence, vous en ressortirez toujours davantage gagnant sur le long terme.

Désormais, scellez précieusement ces dix précautions dans votre esprit et extrayez-les avec perspicacité dès lors que vous serez confronté à une situation nécessitant l'activation de votre radar.

ÉVALUER LES ÉCARTS DE COMPORTEMENT

En définitive, la lecture comportementale repose sur une question fondamentale : les individus se comportent-ils différemment quand ils mentent ? Ce qui équivaut à s'interroger sur les comportements et déclaratifs exhibés par les menteurs. Sont-ils propres au mensonge ? Si différence il y a, est-elle subtile ou marquée ? Ces comportements sont-ils universels ou singuliers ?

Toutes ces questions trouveront une réponse dans ce chapitre, en passant au crible les moyens d'expression de l'être humain.

Congruence et asynchronisme

Ces mots barbares n'ont pas pour vocation de rendre plus intelligent ou de faire briller en société. Intégrer ces deux notions est déterminant pour mettre en exergue les différences entre un comportement honnête et une attitude trompeuse. C'est la première étape nécessaire à réaliser avant de mener une lecture comportementale.

La congruence est un état qui est en accord avec quelque chose. Ainsi, si j'exhibe un comportement en adéquation avec ce que je ressens ou ce que je dis, on peut considérer qu'il y a congruence. Vous êtes à l'aéroport et vous attendez patiemment votre conjoint dans le hall, se situant juste après le contrôle de police. À côté de vous, une femme s'élance et se jette dans les bras de son mari en le voyant arriver. Le sourire jusqu'aux oreilles, elle l'enlace avec force et coince sa tête dans son cou, avant de lui glisser discrètement : « Si tu savais comme je suis contente de te revoir. »

C'est précisément l'harmonie entre ces états expressifs qui définit la notion de congruence. La jeune femme est folle de joie à l'idée de retrouver son mari et tout son être en est la traduction. Quand elle prononce ces mots affectifs, ils ne sont que le reflet de l'attitude qu'elle a précédemment adoptée. On considère alors que le comportement est honnête.

À l'inverse, l'asynchronisme exprime le manque de coordination entre un état et quelque chose. Le comportement n'étant pas en adéquation avec ce qui est exprimé ou inversement, l'ensemble semble à contretemps, comme un orchestre non synchronisé. Notre réaction première est alors de penser : « Il y a quelque chose qui ne va pas. » Revenons à l'exemple de l'aéroport. Alors que sa femme se love dans son cou, son mari adopte une posture inclinée vers l'arrière, ses bras restent grands ouverts, comme s'il subissait la situation. Le sourire est pincé et remonte au niveau du nez. Il lui répond : « Moi aussi », sans grande implication émotionnelle. Vous observez cette scène qui se produit à deux mètres de vous et vous vous dites : « Quel menteur ! » Quelle que soit la raison de son comportement, le manque de coordination entre son attitude et sa déclaration est flagrant. On considère alors que le comportement est trompeur.

Cet exemple est volontairement extrême pour illustrer les notions de congruence et d'asynchronisme. Si toutes les situations étaient aussi marquées, il serait relativement aisé de détecter le mensonge. Malheureusement la réalité montre que les différences sont très souvent subtiles, ce qui permet généralement au mensonge de passer inaperçu. Affiner notre regard sur le monde extérieur devient alors notre meilleure arme.

Le « CHUC » pour déceler les comportements spécieux

La réelle difficulté consiste donc à repérer le ou les manques de coordination entre ce qui est dit et la façon dont les choses sont exprimées par la voix ou le corps.

Mais ce n'est pas tout. Par moments, c'est le contexte qui dicte certains comportements. Un jeune homme gagne au loto et, pourtant, reste de marbre, ne montre aucun signe lié au choc émotionnel. Est-ce normal ?

Votre observation naturelle vous permet parfois de détecter des comportements étranges, qui cependant passent discrètement sous le nez de vos proches ? Et vous êtes encore meilleur quand il s'agit d'analyser quelqu'un que vous connaissez bien ?

Il y a quelques années, j'ai créé un référentiel pour tenter de couvrir l'ensemble des écarts entre le comportement observé et ce qu'il devrait être réellement. Chaque situation étant différente, il est nécessaire de se poser les bonnes questions pour éviter d'être trompé par le contexte. Nos émotions ont tendance à brouiller notre lucidité quand le contexte est incertain, mouvant ou conflictuel.

Ce référentiel mnémotechnique se nomme le *CHUC* (Comportement Habituel-Universel-Contexte), que je prononce volontairement « tchuk ». Il repose sur les trois *écarts* fondamentaux suivants.

- **Écart entre le comportement habituel et le comportement observé**

Plus nous connaissons une personne, plus il nous semble facile de lire en elle. Ce sont tous ses gestes, ses habitudes, ses expressions faciales, ses réactions émotionnelles qui définissent l'idiosyncrasie d'une personne. Quand vous côtoyez une personne au quotidien, vous enregistrez, souvent malgré vous, son comportement. Ce qui fait que, parfois, vous réagissez avant même qu'elle n'ait ouvert la bouche pour lui demander si tout va bien. Et dans la plupart des cas, vous serez le seul ou la seule à avoir perçu cette baisse de moral, simplement parce que vous savez comment cette personne se comporte habituellement. C'est précisément l'écart entre son comportement habituel et le comportement observé qui vous fait réagir.

Il est donc déterminant de connaître le comportement de base d'une personne, c'est-à-dire ses attitudes idiosyncrasiques face à des événements singuliers. Comment réagit-elle quand elle est en colère ? Comment exprime-t-elle la joie ? Comment traduit-elle la tristesse ? Ce sont toutes ces questions qui nécessiteront des réponses en amont, pour ensuite être capable d'isoler des écarts de comportement ou verbaux.

Quand j'étais responsable grands comptes au sein d'une entreprise du CAC 40, j'avais l'habitude de négocier avec un acheteur particulièrement virulent et désagréable. Chaque fois qu'il se mettait en colère, il posait son coude droit sur la table pour ensuite me menacer du doigt. Cette posture, il l'adoptait même auprès de ses collaborateurs. C'était son comportement habituel pour exprimer la colère. Un jour, lors d'un rendez-vous, dans un élan colérique, il me menaça d'arrêter de travailler avec la société que je représentais. Deux manques de coordination me permirent d'identifier que la menace était très probablement feinte. Le premier, il parla avant d'activer les muscles faciaux liés à la colère. Quand vous êtes en colère, vous contractez dans un premier temps vos muscles faciaux et parlez après. Pas l'inverse. Et le second écart, il ne posa pas son coude sur la table pour me menacer comme il avait l'habitude de le faire. J'ai donc capitalisé sur cette information précieuse pour orienter ma stratégie de négociation en conséquence, tout en lui faisant croire que je prenais sa menace au sérieux. Deux semaines plus tard, après la signature de l'accord, il reconnaît au détour d'une conversation, sans même réaliser ce qu'il avait pu me dire deux semaines auparavant : « De toute façon, on n'a aucun intérêt à ne pas travailler avec vous. » Je ne m'étais pas trompé.

- **Écart entre le comportement universel et le comportement expressif**

Contrairement au premier écart, celui-ci n'est pas lié à l'idiosyncrasie, mais à l'universalité de nos comportements. Si nous réagissons tous différemment face à certaines situations, il n'en demeure pas moins que certaines manifestations sont universelles, comme les réponses physiologiques ou les expressions faciales des émotions, par exemple. Quels que soient notre éducation, notre origine, notre sexe, notre âge, notre milieu ou notre religion, ces manifestations s'expriment strictement de la même manière.

Le sourire véritable, par exemple, est la contraction simultanée du muscle buccal et du muscle oculaire, ce qui remonte vos pommettes, étire vers le haut les commissures de vos lèvres et dessine des pattes-d'oie aux coins extérieurs des yeux. Si vous souriez de bon cœur, vous activerez ces muscles involontairement. Et tous les peuples du monde le feront de la même manière. Maintenant, vous observez un individu qui n'active que le muscle buccal, vous en déduisez naturellement que l'émotion n'est pas ressentie. C'est précisément l'écart entre ce que vous observez et ce qui devrait se produire qui va attirer votre attention.

De 1998 à 1999, j'enseignais à Oxford. Parallèlement, j'assurais la protection de tables de jeux dans un petit cercle privé et clandestin de la banlieue ouest d'Oxford. Un soir, je pris en flagrant délit un joueur en train de tricher au black jack. Il se trouve qu'il était français et qu'il avait 21 ans. Avant qu'il ne soit expulsé par les deux molosses assurant la sécurité, je l'ai interrogé comme de coutume pour m'assurer, entre autres, qu'il n'y avait pas de collusion interne (être de mèche avec un membre du personnel du cercle de jeux) ou des complices dans la salle. Lors de l'interrogatoire, je lui ai demandé s'il avait honte de son comportement. Il me répondit, droit dans les yeux, le buste relevé : « Oui, j'ai très honte, et je suis désolé pour tout ça. » Le souci, c'est que la honte se traduit par une aversion au contact oculaire, le rétrécissement du torse et des épaules tombantes. Et ceci, même chez des personnes atteintes de cécité congénitale, c'est-à-dire qui n'ont jamais eu l'opportunité de voir de leur vie. C'est un comportement inné et universel. Ce *frenchy* n'avait en réalité aucune honte, son activité principale se résumant à écumer les petites salles de jeux à la recherche d'argent facile.

- **Écart entre ce que le contexte exige et le comportement observé**

Il est des situations où certains comportements sont de mise, simplement parce que le contexte l'exige. Par conséquent, sauf pathologie ou cas très spécifiques, les individus, quelle que soit leur origine, adoptent le même comportement dans des circonstances particulières. Regardez simplement des cérémonies de remise de prix. Tous les gagnants adopteront des comportements fortement chargés en émotions : allégresse, pleurs de joie, surprise prononcée, évanouissement... Une personne esquissant un léger sourire serait bizarre, non ? Sauf si on lui remet le deuxième prix. Pour un premier prix, ce serait très illogique. C'est précisément l'écart entre ce que le contexte exige et le comportement observé qui vous alerte.

Un ami, dont le métier est technicien sur des plateaux d'enregistrement, m'a un jour envoyé la vidéo d'un heureux gagnant d'un jeu télévisé. Nous nommerons ce veinard Peter. Mon ami avait de sérieux doutes sur l'intégrité du candidat, car il trouvait son comportement « décalé » par rapport à la situation. En effet, Peter venait de gagner une somme supérieure à 100 000 euros, mais sa joie semblait disproportionnée par rapport au montant. Effectivement, lors du visionnage de la bande, à l'annonce du gain, le candidat exhibait un sourire véritable mais faiblement marqué, un comportement mécanique, une micro-expression de peur. Rien qui ne montrait qu'il était réellement heureux. Il semblait habité par une pression qu'il avait du mal à évacuer. Était-ce le choc émotionnel ? La cataplexie se traduit par une paralysie marquée : bouche bée, impossibilité de parler, dérobement des genoux ou perte brutale de tonus musculaire. Le choc est tellement important qu'il est très difficile, voire impossible, d'adopter des contre-mesures, comme feindre que tout va bien ou prétendre être heureux. Rappelez-vous la réaction de Bush le 11 septembre 2001 lorsqu'il apprend devant des élèves d'une classe qu'une deuxième tour vient de s'effondrer. Il reste inerte pendant plusieurs minutes. Dans notre exemple, la cataplexie n'est pas possible, puisque Peter tente de simuler la joie. Peut-être que Peter était déjà multimillionnaire, donc 100 000 euros l'affectaient peu en réalité ? Mais ce n'était pas le cas. Il y avait effectivement quelque chose d'étrange. L'enquête révéla plus tard une fraude. Peter admit qu'il avait tellement eu peur de se faire attraper qu'il n'était pas parvenu à faire exploser sa joie.

Établir le profil de base (la *baseline*)

Mettre en évidence l'écart entre le comportement expressif et le comportement universel, ou identifier l'écart entre ce que le contexte exige et le comportement observé, c'est-à-dire les deux dernières lettres de l'acronyme CHUC, présente un immense avantage : vous n'avez pas besoin de connaître la personne. Ce qui signifie que vous pouvez activer directement votre radar quels que soient le type d'individu ou la situation.

En revanche, dès lors qu'il s'agit de faire émerger l'écart entre le comportement habituel et le comportement observé, les deux premières lettres de CHUC, vous n'avez d'autre alternative que de connaître la personne. C'est une nécessité. Si cette personne fait partie de votre famille, de vos proches ou de vos connaissances, vous connaissez généralement bien son comportement de base. Mais quand ce n'est pas le cas, que faut-il faire ?

La plupart des chercheurs anglophones utilisent le terme *baseline* pour désigner le comportement de base de la personne ou son comportement habituel.

Établir la *baseline*, c'est intégrer l'idiosyncrasie de la personne observée, c'est-à-dire être en mesure d'isoler des comportements expressifs habituels, et des attitudes singulières se rapportant à des situations spécifiques.

Si une personne s'exprime naturellement avec une logorrhée vive, il faut le noter dans sa *baseline*. Dès lors que sa diction se ralentit, il convient de s'interroger sur la raison de ce changement soudain de rythme. C'est un écart par rapport à sa *baseline*.

De la même manière, si cette personne a pour habitude de se mordre la lèvre inférieure quand on lui fait un compliment (traduction comportementale idiosyncrasique de la gêne), il faut également l'inclure dans sa *baseline*. Si, lors d'un compliment, elle exhibe une attitude différente, cela révélera un écart par rapport à sa *baseline*.

Pour élaborer une *baseline*, il est nécessaire de projeter l'individu dans un contexte neutre, c'est-à-dire dénué de menaces, quelles qu'elles soient, qui pourraient élever son niveau de stress, et d'observer son comportement. Le but étant de modéliser les attitudes expressives de la personne dans des circonstances dites « normales ». Si stress il y a, la modélisation de base sera biaisée, ainsi que l'analyse comportementale par voie de conséquence.

Voici une méthode efficace qui vous permettra cependant d'établir une *baseline* rapidement, tout en maintenant un niveau de stress minimal.

- **Élaborer le contexte favorable**

Pourquoi est-ce nécessaire de bâtir une relation empathique avec l'autre ? Pour une seule et bonne raison. Les individus sont plus enclins à mentir en situation d'insécurité et d'inconfort. C'est une réaction psychologique naturelle qui assure notre survie, notamment quand nous sommes pris en défaut. Par conséquent, il est primordial de créer un contexte favorable pour que l'autre se livre.

Dans mon ouvrage *Manuel de négociation complexe*[1], je m'attarde sur la notion d'*attitude positive*, primordiale pour établir le lien en négociation. Ces conseils, de bon sens avant tout, sont entièrement transposables à n'importe quelle relation interpersonnelle.

Tout d'abord, il est nécessaire d'adopter une attitude bienveillante, c'est-à-dire résolument tournée vers l'autre et dénuée de jugement. Si vous critiquez le comportement d'autrui, il se fermera ou contre-attaquera. Dans les deux cas, vous n'avancez pas vers votre objectif.

Ensuite, vous devez être disponible, c'est-à-dire à l'écoute de l'autre. Non pas entendre, mais écouter pour partager. Une conversation se fait à deux par définition. Trop de personnes ont tendance à l'oublier.

Également, restez calme et serein pour inciter positivement votre interlocuteur à en faire de même. Les excités inquiètent et les calmes rassurent.

Et, pour finir, respectez les codes, c'est-à-dire adaptez-vous à votre interlocuteur. Si la personne est plus à l'aise pour communiquer avec vous à condition que vous portiez une cravate, faites-le. Certains individus se formalisent pour des détails. Ne leur en laissez pas l'opportunité !

---

1. Marwan Mery, *Manuel de négociation complexe*, Eyrolles, 2013.

▪ Créer du lien pour faire tomber les défenses

Le contexte a pour objectif de mettre l'individu dans les meilleures prédispositions pour partager l'information. Plus il sera en confiance, plus il sera à même de se livrer. Souvent à son insu.

Le lien est un fil fragile, qui vous lie à l'autre, et qui menace de se briser à tout moment si vous ne savez pas adapter votre communication et votre comportement à l'autre. Il existe de nombreuses techniques pour créer et maintenir le lien. J'ai volontairement recensé celles qui permettent à la fois de faire preuve d'écoute active et de conduire l'autre à partager des informations. Le but étant, bien évidemment, que la personne communique au maximum afin de vous permettre par la suite d'établir une *baseline* aussi complète que possible.

La paraphrase pour soutenir l'échange

La paraphrase consiste à répéter une phrase ou une partie de la phrase en reprenant les mots de l'autre.

– *J'ai eu une adolescence malheureuse.*
– *Vous avez eu une adolescence malheureuse alors ?*

La reformulation : si j'ai bien compris...

La reformulation consiste à répéter ce qu'a dit l'autre, mais en employant ses propres termes.

– *J'ai eu une adolescence malheureuse.*
– *Vous avez connu une jeunesse difficile ?*

L'écho : vous avez bien dit... ?

L'écho consiste à rebondir sur le dernier terme de la phrase utilisé par l'autre.

– *J'ai eu une adolescence malheureuse.*
– *Malheureuse ?*

L'identification des sentiments : vous semblez triste ?

L'identification des sentiments consiste à verbaliser le ressenti de l'autre.

– J'ai eu une adolescence malheureuse.

– Je sens de la tristesse dans votre voix.

L'encouragement à dire la vérité

L'encouragement consiste à abonder dans le sens de l'autre.

– J'ai eu une adolescence malheureuse.

– Ah bon ?

Les questions ouvertes sont généralement les plus pertinentes

À la différence des questions fermées qui appellent des réponses précises, les questions ouvertes sollicitent des réponses explicatives.

– J'ai eu une adolescence malheureuse.

– Vous pouvez m'en dire plus ?

L'accompagnement physique pour pousser à la confidence

L'accompagnement physique consiste à adopter un comportement propice à l'échange d'informations. Ainsi, des sourires bienveillants, des hochements de tête réguliers, un corps incliné en avant ou des mouvements de bras synchronisés invitent au partage de l'information.

Ces quelques techniques sont utilisées dans de nombreux milieux non seulement pour mettre l'autre dans des prédispositions favorables, mais également pour l'inciter à communiquer. Si vous vous arrogez plus de 10 % d'une conversation pour établir une *baseline*, considérez que vous parlez trop !

▪ Ne pas mentionner l'objet du délit

Vous ne pouvez espérer projeter la personne dans un contexte dénué de stress si vous évoquez la raison de votre rencontre ou les soupçons qui pèsent sur elle. Toute insinuation donnera lieu à des réactions spécifiques (fortes, contenues, faibles, voire inexistantes) qui viendront biaiser votre *baseline*. Par conséquent, restez volontairement hors sujet en posant des questions ouvertes sur des thèmes aussi divers que variés.

Quelques exemples de *questions démographiques* dans le cadre d'un interrogatoire afin d'établir une *baseline* :

– « *Quel âge avez-vous ?* »

– « *Comment vous vous appelez ?* »

– « *Où avez-vous l'habitude de passer vos vacances ?* »

– « *Comment se prénomment vos meilleurs amis ?* »

Quelques exemples de *questions ouvertes* pour continuer dans le même sens :

– « *Que faites-vous pendant votre temps libre ?* »

– « *Comment qualifieriez-vous vos relations de travail ?* »

– « *Qu'est-ce qui pourrait contribuer à votre épanouissement ?* »

– « *Que pensez-vous de Paris Plages ?* »

▪ Isoler l'idiosyncrasie

Nous communiquons tous de tout notre être somatique, en usant de formules, de gestuelle, d'émotions, d'expressions faciales, de tonalité, de respiration et tant d'autres encore, qui nous sont propres. Si nous manquons de cataloguer ce qui fait partie de l'idiosyncrasie et ce qui n'en fait pas partie, nous risquons d'interpréter des signaux à mauvais escient.

Par exemple, certains individus ponctuent leurs phrases en haussant la pointe interne de leurs sourcils. C'est un mouvement involontaire. Si vous ne l'avez pas intégré dans l'idiosyncrasie, vous risquez d'en déduire injustement que l'individu ressent une brève émotion de tristesse, cette émotion s'exprimant, entre autres, ainsi.

Je vous invite à vous imprégner du tableau ci-après que j'utilise chaque fois que je dois dresser l'idiosyncrasie d'une personne. Si certaines notions paraissent absconses, sachez qu'elles sont couvertes en détail dans les parties suivantes sur l'analyse du verbal, du paraverbal et du non-verbal.

Vous pourrez logiquement vous poser la question du choix des critères et des niveaux d'évaluation utilisés dans ce tableau. Cette liste a évolué pendant de nombreuses années. Elle comportait au départ des critères qui ont disparu, car ils présentaient peu de pertinence dans l'appréciation de la tromperie. D'autres ont vu le jour par la suite, issus du terreau commun des faux pas des menteurs ou tricheurs démasqués. De plus, ce tableau offre l'avantage de se remplir très vite. Il faut juste entourer ce qu'on observe et remplir manuellement les particularités et les tics. Avec l'expérience, il me faut 30 secondes pour remplir correctement une grille d'analyse après avoir observé un sujet pendant cinq minutes. La grille étant ancrée dans mon esprit, je ne produis plus d'efforts pour l'extraire de ma mémoire.

> **À noter**
>
> *Un bon exercice pour débuter est d'établir votre propre baseline en remplissant ce tableau. On ne peut bien comprendre l'autre que quand on se connaît bien soi-même.*

Vous pouvez, bien évidemment, constituer, à votre guise, la liste qui vous semble la plus appropriée.

ÉTABLIR L'IDIOSYNCRASIE D'UN INDIVIDU

		Niveau			Explications
VERBAL	Stock verbal	Pauvre	Moyen	Riche	Le vocabulaire utilisé est-il riche ?
	Détails	Peu	Moyen	Beaucoup	Raconte avec beaucoup ou peu de détails
	Ellipses	Peu	Moyen	Beaucoup	Ellipse du pronom : sais pas, veux pas...
	Termes généraux	Peu	Moyen	Beaucoup	Jamais, souvent, rarement, habituellement...
	Politesse	Faible	Normale	Élevée	Quel est le degré de politesse de l'individu ?
	Possession	Faible	Normale	Élevée	Utilise la possession : moi, je, mes, mon....
PARAVERBAL	Débit	< 125	Entre 125 et 150	> 150	Nombre de mots (m) débités par minute
	Tonalité	Aiguë	Neutre	Grave	Quelle est la tonalité de la voix ?
	Temps de réponse	> 2 s	Entre 1 et 2 s	< 1 s	Quel est le temps de réponse à une question ?
	Erreurs de prononciation	Peu	Moyen	Beaucoup	L'individu fait-il des erreurs de prononciation ?
	Fréquence des pauses	Faible	Moyenne	Élevée	Nombre de pauses sur une minute de temps
	Durée des pauses	Faible	Moyenne	Élevée	Durée des pauses sur une minute de temps
	Combleurs non verbaux	Peu	Moyen	Beaucoup	hum, ben, pfff....
	Longueur des réponses	Courte	Moyenne	Importante	L'individu use de réponses courtes ou longues ?
NON-VERBAL	Attitude	Affable	Neutre	Réservée	Quelle est l'attitude générale de l'individu ?
	Illustrants	Un peu	Moyen	Beaucoup	Utilise-t-il beaucoup sa gestuelle ?
	Manipulatoires	Un peu	Moyen	Beaucoup	Passe-t-il ses mains sur son visage, front ou cou ?
	Bloqueurs	Un peu	Moyen	Beaucoup	Utilise-t-il ses mains, jambes ou bras comme bouclier ?
	Proxémie	Courte	Moyenne	Longue	Quelle distance entretient-il avec les gens ?
	Tortillement	Un peu	Moyen	Beaucoup	Reste-t-il en place ou se tortille-t-il sans arrêt ?
	Déglutition	Un peu	Moyen	Beaucoup	Quelle est sa fréquence de déglutition ?
	Contact oculaire	Faible	Moyen	Élevé	Maintient-il le contact occulaire ?
	Clignement des yeux	> 8 fois/min	5 à 8 fois/min	< 5 fois/min	Quelle est la fréquence du clignement ?
PARTICULARITÉS	Visage				
	Corps				
	Émotion				
TICS	Faciaux				
	Comportementaux				

Confronter la *baseline*

Une fois la *baseline* définie, c'est-à-dire le comportement de base de la personne dans une situation neutre dénuée de stress établi, il est nécessaire de la confronter. Mais de la confronter à quoi ?

Lors de l'élaboration de la *baseline*, vous avez délibérément posé des questions non génératrices de stress et pris soin d'éviter de mettre sur la table l'objet du délit, au sens large du terme. La théorie de la *baseline* repose sur le fait qu'un individu potentiellement coupable présentera des écarts de comportement par rapport à sa *baseline* dès lors qu'il sera confronté à des questions relatives à l'objet du délit. À l'inverse, le comportement d'un innocent ne sera pas altéré par rapport à sa *baseline*.

Pour confronter la *baseline*, il est donc nécessaire d'introduire des questions plus précises qui font écho, de près ou de loin, à l'objet du délit, de façon à distiller progressivement des gouttes de stress dans le comportement de l'autre. Comme une réaction chimique, il ne reste plus qu'à observer si le sujet réagit en conséquence ou non.

Quelques exemples de questions pour confronter la *baseline* :

- « *Que faisiez-vous hier soir ?* »
- « *Quel genre de voiture avez-vous ?* »
- « *À votre avis, pourquoi êtes-vous là aujourd'hui ?* »
- « *Que pensez-vous des récents événements d'hier ?* »

Comme vous pouvez le constater, ces questions tournent volontairement autour du pot. L'objet du délit n'est pas qualifié (nous verrons plus tard pourquoi il est préférable de ne pas le mentionner directement), mais il est abordé de façon insidieuse en faisant référence à des éléments périphériques. Un individu, concerné de près ou de loin par l'affaire, émettra probablement des écarts de comportement par rapport à sa *baseline*.

Les limites de la *baseline*

Comparer le comportement habituel (ou de base) au comportement observé est un excellent outil dans le cadre de la détection du mensonge. Cependant, comme tout outil, il souffre de certaines imperfections, qu'il vous faut connaître pour relativiser certaines conclusions.

• Les écarts ne révèlent pas le mensonge

Comme nous l'avons déjà observé, il n'existe pas d'indicateur universel de mensonge. Par conséquent, les écarts par rapport au comportement de base sont avant tout des alertes qui appellent à la réflexion et nous offrent l'opportunité de creuser davantage. Ils peuvent révéler la tromperie, le stress ou un sentiment singulier. C'est votre habilité à extraire l'information qui vous permettra de déterminer par la suite s'il s'agit réellement d'un mensonge.

• La faible couverture du comportement expressif

Si la *baseline* procure l'avantage de cerner le comportement de base, elle ne permet cependant pas de couvrir l'ensemble du comportement de la personne. Généralement, la *baseline* permet d'obtenir le comportement à froid de la personne, c'est-à-dire non chargé émotionnellement. Par exemple, il est peu probable que vous observiez des émotions de peur, de colère ou de tristesse dans le cadre de l'élaboration de la *baseline*. Ce qui veut dire qu'il vous sera difficile de savoir si la colère exprimée diffère du comportement de base.

• Le stress ambiant

Si la *baseline* cherche à définir un comportement neutre, il est parfois difficile de ne pas générer du stress involontairement. Un individu face à un policier peut ressentir de l'anxiété sans pouvoir se contrôler, même s'il est innocent. Observez votre réaction quand on vous demande les papiers de votre véhicule lors d'un contrôle routier. Même si vous n'avez rien à vous reprocher, vous pouvez être en proie à des peurs infondées. Également, le stress peut augmenter simplement en évoquant une date particulière ou un nom parce qu'ils font référence à des souvenirs douloureux, sans pour autant que l'individu soit coupable.

- **Les gens réagissent différemment selon les personnes qui les interrogent**

Ce constat s'applique aussi bien pour des interrogatoires que pour des négociations, interviews ou simples entretiens informels. Nous réagissons tous différemment en fonction de celui qui pose des questions. Observez simplement la façon dont vous répondez à votre enfant ou à l'un de vos proches quand ils vous posent exactement la même question.

- **Certaines personnes mentent sans pour autant produire du stress**

Comme nous avons pu le voir, certaines personnes mentent sans pour autant exhiber de stress. Leur appréhension de la détection étant marginale ou inexistante, elles ne craignent pas d'être démasquées.

- **Les questions orientées peuvent générer du stress chez tout le monde**

C'est une réalité à considérer. Le fait de distiller du stress, par l'intermédiaire de questions plus spécifiques, peut générer des écarts de comportement même chez des personnes innocentes. C'est précisément la peur d'être accusé à tort.

- **Attention aux restrictions physiques**

Certaines personnes adoptent des postures jugées « étranges », non pas du fait d'écarts de comportement, mais du fait de restrictions physiques. Une femme en minijupe pourra adopter, malgré elle, un comportement rigide et être mal à l'aise. Au même titre qu'une personne en surpoids cherchant à se repositionner sur sa chaise. C'est avant tout leur corps ou leurs habits qui les encombrent.

- **Le biais verbal**

Certaines personnes utilisent des mots à mauvais escient pour des raisons aussi diverses que variées : éducation pauvre, stress ambiant, tentative maladroite de faire bonne impression… Le risque serait d'interpréter ces faux pas comme des écarts de comportement s'ils venaient à survenir pendant les questions génératrices de stress. Attention donc à bien intégrer le milieu d'où provient la personne et si elle cherche à prouver quelque chose pendant l'entretien.

- **Notre logique n'est pas forcément celle de l'autre**

Un écueil commun observé est de considérer les choses sous l'angle de notre propre cadre de référence. Par conséquent, les situations ou comportements échappant à notre logique se voient cataloguer comme incongrus, étranges, illogiques, voire même trompeurs.

En négociation complexe, par exemple, peu résistent à la tentation d'évaluer des ultimatums comme non crédibles dès lors qu'ils échappent à leur cadre de référence. « Il n'a aucun intérêt à faire ça, il a plus à perdre que nous ! » C'est votre opinion, mais la sienne est peut-être différente.

Il est donc important de toujours se mettre dans les chaussures de l'autre, en intégrant toutes les composantes de son passé et de son mode de fonctionnement actuel.

ANALYSER LE VERBAL : ENTRE ELLIPSE, LAPSUS, ETC.

Derek Bickerton, linguiste et professeur émérite à l'université d'Hawaï, a déclaré avec justesse : « *Le langage est ce qui fait de nous* des êtres humains. C'est peut-être même la seule chose qui nous rende humains. C'est aussi la plus grande énigme de la science. » Les origines du langage sont floues et les scientifiques ont du mal à s'accorder sur sa genèse. Quoi qu'il en soit, le langage est apparu pour occuper une fonction principale : transmettre l'information. Dès lors, on peut aisément imaginer les prémices du langage, se résumant à quelques onomatopées et mots gutturaux, pour avertir du danger ou signaler la présence de gibier. C'était le langage dans sa forme la plus basique. Il a ensuite évolué au rythme du regroupement et de la sédentarisation de l'homme pour devenir un outil communicationnel plus élaboré. Il servait à répartir les tâches, donner des ordres, planifier le combat ou encore glisser des mots affectueux.

Puis, il s'est doté d'un autre usage, plus insidieux mais nécessitant l'activation des facultés cognitives : le mensonge. Le mot remplaça l'épée pour renverser des civilisations, fédérer des peuples, assouvir le pouvoir d'un seul homme et s'aliéner des nations au nom d'une cause jugée juste. La langue est devenue aussi douce que dangereuse.

Si l'homme peut aisément tromper par l'usage de la langue, la langue peut le trahir tout autant. J'ai toujours considéré la langue des menteurs comme une lame à double tranchant. L'une pour faire mal, l'autre pour se faire mal. Chaque coup porté peut blesser l'autre, toujours avec le risque d'être soi-même blessé.

Top 10 des déclarations de menteurs

Il n'existe pas de réponses typiques indiquant le mensonge. Encore une fois, nous sommes tous différents et nous réagissons tous de manière singulière face à un événement. Le syndrome de Pinocchio n'existe donc pas.

Je me suis tout de même permis de compiler dix déclarations qui reviennent fréquemment chez des personnes dont la culpabilité a été établie. Ces déclarations font office de socle commun. Attention cependant, elles n'indiquent pas forcément le mensonge. Elles doivent vous alerter pour que vous creusiez en conséquence.

1. Quel type de personne pensez-vous que je suis ?
2. Il faudrait être débile pour faire une chose pareille !
3. Demandez à mes amis, ils vous diront que je ne ferai jamais une chose pareille !
4. Je le jure sur la tête de ma mère !
5. Je savais que ça allait m'arriver...
6. Vous pensez que je vous mens ?
7. C'est toujours sur les mêmes que ça tombe.
8. Honnêtement, je ne m'en souviens pas.
9. Vous me voyez faire ça, moi ?!
10. J'm'en fous ! Vous pouvez croire ce que vous voulez...

Vous trouverez dans cette partie la liste complète des indices de tromperie que j'observe constamment se rapportant au verbal. Avant de les parcourir, prenez bien en considération les précautions suivantes, qui s'appliquent à l'identique pour le paraverbal et le non-verbal :

- aucun indice ne prévaut sur un autre ;
- si un indice fait partie de la *baseline* de la personne, alors il ne faut pas le considérer comme un indice de tromperie ;
- ces indices peuvent être liés aussi bien à la tromperie qu'au stress. Ce sont avant tout des alertes qui doivent vous pousser à vous interroger et à initier des stratégies en conséquence ;
- un individu peut manifester un ou plusieurs indices sans pour autant mentir, ce qui veut dire qu'il peut livrer une réponse honnête, même si elle fait très souvent partie du registre des menteurs.

Ces indices sont volontairement classés en quatre catégories : le distancement, l'implication personnelle, la cohérence du discours et la structure du contenu.

Note : toutes les personnes citées ci-après, dont les déclarations illustrent les indicateurs de tromperie, ont reconnu avoir menti ou ont été confrontées à des preuves flagrantes.

Un distancement évident : focus sur les indices

Le distancement est un terme générique qui regroupe plusieurs techniques permettant à l'individu de se détourner de l'objet du délit afin de s'en déresponsabiliser.

- **Le faux questionnement**

    – Vous étiez à la soirée la semaine dernière ?

    – Pardon ?

C'est très certainement la technique que je rencontre le plus souvent. La question est parfaitement audible, la personne m'écoute d'une oreille intéressée et, pourtant, elle me demande de répéter. Le but recherché est bien évidemment de gagner du temps. En m'obligeant à reformuler la question, la personne s'achète du temps précieux pour satisfaire son objectif. Il peut s'agir de la construction d'un mensonge ou de l'élaboration d'une réponse visant à éluder la question. Dans ce dernier cas, la personne peut éprouver de la gêne, sans pour autant mentir.

Comment faire la différence entre un véritable questionnement et un faux questionnement ? Tout d'abord, les questions simples et courtes ne nécessitent jamais d'être répétées si vous avez une propension naturelle à savoir articuler. C'est le cas pour 90 % des individus. Vous pouvez leur accorder le bénéfice du doute dans le cadre de questions longues et compliquées. Deuxièmement, il est nécessaire d'observer le temps de réponse par rapport à la *baseline*. Quand il s'agit d'un faux questionnement, le temps de réponse est généralement plus long, le sujet réalisant trop tardivement qu'il est nécessaire de gagner du temps avant d'apporter une réponse qui pourrait lui porter préjudice. Et enfin, le clignement des yeux peut être un indicateur précieux. Nous clignons des yeux en moyenne toutes les six secondes. Dans le cadre d'un faux questionnement, compte tenu de la charge cognitive (construction d'une réponse altérée), le temps entre deux clignements augmente. C'est ce fameux regard vitreux.

Dans la même lignée, au lieu d'utiliser le faux questionnement pour s'acheter du temps, une « réponse écho » permet d'obtenir un résultat similaire. Voici les quatre que je rencontre le plus souvent :

– « *C'est une bonne question.* »

– « *Je suis ravi que vous posiez cette question.* »

– « *Je savais que vous me poseriez cette question.* »

– « *Votre point est très juste.* »

▪ Les ponts

Novembre 2011. Je demande à l'une des personnes de mon équipe (un responsable grands comptes) de me raconter sa journée d'hier, sachant que j'ai appris qu'elle a été particulièrement éprouvante.

> *Effectivement, une journée de fou ! Ça a commencé un peu avant 8 h 00 dans ma voiture, avec un coup de fil de M. Davau, qui m'a insulté pendant 30 minutes à cause des ruptures produits. Du coup, il m'a dit qu'il allait nous facturer 30 K€ de pénalités. Génial ! Ensuite, je suis arrivé à mon rendez-vous de 9 h 30. J'ai failli être en retard, vu que je me suis perdu. En sortant, j'allume mon téléphone, quatre appels en absence et là je suis super-content. Que des merdes à gérer. Heureusement que Céline m'a filé un coup de main. Déjeuner sympa au Bistrot des Victoires avec Simon, tu sais l'ancien directeur des ventes de*

la société X. On a pas mal échangé sur les sujets en cours. Il veut te rencontrer d'ailleurs. Ensuite, que je me rappelle bien, rendez-vous à 15 h 00 de l'autre côté de Paris chez Donild. Là, coup de chance, il était bien luné, du coup on a surtout parlé de ses enfants et il a signé le plan promo jusqu'à la fin de l'année. 17 h 00, je passe au garage déposer la voiture et j'attends évidemment 45 minutes avant d'en avoir une en remplacement. Je me tape deux heures d'embouteillage pour rentrer chez moi et il est 20 h 00. Et là je me dis, il faut que j'aille vivre en province !

Tout semble cohérent sauf une chose. Vous avez trouvé ?

Comment se fait-il que nous n'ayons pas de détails du rendez-vous de 9 h 30 ? Tous les événements de la journée sont commentés, sauf celui-ci. C'est ce qu'on appelle un *pont*. Cette technique consiste à survoler une partie du contenu d'une histoire pour éviter d'être exposé. Les raisons ne sont pas nécessairement liées au mensonge mais, dans tous les cas, l'individu cherche à se distancier de l'événement. Dans ce cas précis, il n'est jamais allé au rendez-vous.

Les ponts font partie de la famille des omissions. Moins le sujet est abordé, moins il sera nécessaire de se justifier ou de devoir apporter des détails. Sachez qu'à l'écrit, les ponts sont également visibles. Si vous avez l'opportunité de demander à quelqu'un de vous raconter une histoire, demandez-lui de vous l'écrire. Pour information, certains services de police utilisent ce système.

> **À noter**
> Certaines personnes décident volontairement d'omettre certaines parties d'une histoire, car elles les jugent inintéressantes ou considèrent qu'elles ne vous intéresseront pas. Encore une fois, ne tirez jamais de conclusions trop hâtives.

▪ Les référents

Considérez ces deux versions des faits. L'adolescent a été appréhendé à son domicile après avoir tenté de voler du matériel informatique dans un dépôt de la banlieue parisienne en mars 2012. Il a été arrêté, suite au témoignage d'une automobiliste ayant assisté à la scène.

> *Hier matin, vers 7 h 00, j'étais confortablement installé dans mon lit et je lisais une BD de Punisher, un superhéros, mais vous ne devez sûrement pas connaître, sans vouloir vous offenser bien sûr. La télévision était allumée, mais je ne la regardais pas. Je me rappelle que je mangeais un Mars et que ma petite sœur s'est réveillée dans la chambre d'à côté. Au moment où j'allais m'endormir, vous êtes arrivés !*

Une heure plus tard, il est demandé à l'adolescent de répéter son histoire.

> *Bon, comme je vous le disais, hier matin, vers 7 h 00, j'étais confortablement installé dans mon canapé-lit et j'étais en train de lire une BD de Punisher, un superhéros. La télévision était allumée, sans que je la regarde. Je me rappelle que je mangeais une barre de Mars et aussi que ma petite sœur s'est réveillée dans la chambre d'à côté. Après, j'ai commencé à m'endormir, mais vous êtes arrivés !*

Alors ?

Dans les deux versions des faits, les référents sont strictement identiques. Par « référents », j'entends les termes utilisés et délibérément sélectionnés pour raconter une histoire. Ce sont les sujets, verbes, compléments, adjectifs et adverbes, c'est-à-dire tous les ingrédients nécessaires pour constituer et agrémenter une histoire.

Observez bien les deux versions des faits et faites le compte. Il y a approximativement une vingtaine de référents identiques. Ce qui veut dire que l'adolescent a choisi d'utiliser les mêmes référents à vingt reprises pour décrire une courte séquence d'événements. Quelle est la chance que vous utilisiez vingt référents identiques pour raconter une histoire aussi courte ? Très très faible.

Cette personne avait le loisir de raconter son histoire en piochant dans son stock verbal, mais ne l'a pas fait. Pourquoi donc ? L'histoire était très certainement préparée et répétée.

- **Les pronoms**

Mars 2010. Un homme d'une trentaine d'années est appréhendé, suspecté d'avoir mis le feu à sa propre maison.

> *– Racontez-moi ce que vous faisiez au moment des faits.*
>
> *– Ben, c'est simple, j'étais chez moi, dans mon salon, au premier étage. Comme le soleil arrivait, du coup, j'ai décidé d'ouvrir les rideaux. Ensuite j'ai senti une drôle d'odeur qui venait de dessous.*
>
> *– De dessous ?*
>
> *– Oui, de ma cave, comme une odeur de brûlé, vous savez.*
>
> *– Qu'est-ce que vous avez fait ensuite ?*
>
> *– Ben, du coup je suis descendu rapidement et j'ai commencé à voir des flammes.*
>
> *– Où avez-vous vu des flammes précisément ?*
>
> *– Ben, en plein dans ma cuisine. Comme je n'avais pas d'extincteur, j'ai décidé de sortir le plus rapidement possible.*
>
> *– Vous avez emprunté quelle porte ?*
>
> *– La porte d'entrée.*
>
> *– Et ensuite ?*
>
> *– Ben, ensuite, c'était trop tard, j'étais dehors et je regardais la maison brûler.*

Quelque chose vous interpelle ?

Dans ce cas, l'utilisation des pronoms est déterminante. La personne a recours à la possession pour décrire ses lieux et ses biens tant que la maison est encore debout : chez moi, mon salon, ma cave et ma cuisine. C'est un phénomène normal et constant, observé chez des individus ayant le sentiment d'appartenance. Par conséquent, ils usent de déterminants possessifs pour soutenir leur discours.

Ce qui n'est pas normal, par contre, dans ce cas précis, c'est d'utiliser un article défini (le, la, les) une fois que la maison est en feu : la maison. Cette distanciation subtile, qui peut être involontaire ou délibérée, marque le retrait par rapport à l'objet du délit. Le but recherché est, bien entendu, la déresponsabilisation.

Cette technique est très fréquente pour accompagner un mensonge et peut s'exprimer de manières différentes. L'autre jour, mon fils de 4 ans m'a réveillé dans la nuit pour me dire : « Papa, ya du pipi dans mon lit. » En prenant soin d'éviter la tournure naturelle : « Papa, j'ai fait pipi au lit », il espérait se faire tout petit et éviter d'être grondé.

Pour continuer de mettre vos sens en alerte, faites attention aux tournures « nous » qui deviennent « lui et moi » ou « elle et moi », ainsi qu'aux formulations « on » qui se transforment en « il(s) » ou « elle(s) ».

- **Les termes généraux**

Déclarations de deux menteurs dans des contextes différents mais utilisant les mêmes techniques (sans le savoir évidemment).

Past-posting (technique de triche au black jack qui consiste à miser après que les mises ne sont plus autorisées) dans un casino du Nevada en septembre 2008.

– Avez-vous eu recours au past-posting pour empocher vos 1 250 dollars ?

– Je ne triche jamais.

Octobre 1999, à Oxford, après être entré dans une classe normalement vide, où planaient encore une odeur de shit et deux étudiants hagards.

– *Ça sent le shit ici, non ?*

– *Personne ne fume ici, monsieur.*

Alors ?

Ces réponses présentent en réalité deux dénominateurs communs. Le premier, c'est qu'aucune d'entre elles ne répond à la question posée. Elles semblent y répondre, mais toutes deux apportent des réponses à côté de la plaque. Le second dénominateur est l'usage de termes généraux. Le « jamais » du premier exemple et le « personne » du second apportent une dimension atemporelle et inébranlable. En érigeant des principes forts ou des conduites vertueuses, l'individu cherche, d'une part, à vous faire culpabiliser pour oser remettre en question des notions aussi fondamentales, et, d'autre part, à clore le débat. Enfin, vous noterez la généralité qui s'oppose à la précision. Dans les deux cas, les questions appellent des réponses précises. Cependant, les deux réponses fournissent une dimension globale et générale, considérablement éloignée de l'objet du délit.

Les politiciens sont passés maîtres dans cet art en usant (trop) fréquemment d'adverbes de temps pour échapper aux questions fouineuses et embarrassantes des journalistes.

– *Avez-vous participé à ce financement illicite ?*

– *Le parti a **toujours** apporté son soutien aux projets éthiquement responsables.*

▪ Le retournement

Avril 2013. Soupçons d'abus de biens sociaux pesant sur un cadre dirigeant d'une multinationale.

– *Avez-vous, oui ou non, récupéré une deuxième voiture de fonction auprès du loueur pour en faire bénéficier votre femme ?*

> *– Je ne peux pas croire que vous me posiez une telle question.*
> *– Répondez-moi simplement par oui ou par non.*
> *– Vous me posez cette question parce que vous êtes jaloux de mon poste ? Hein ?*

Comme son nom l'indique, le retournement consiste à vous faire porter la charge de responsabilité. L'auteur espère ainsi faire naître en vous un sentiment de gêne, de honte ou de culpabilité, qui mettra un terme à votre élan inquisiteur.

Si cela peut paraître ici flagrant parce que vous êtes confortablement assis dans votre canapé à lire ce livre, cette technique fonctionne malheureusement très bien dans des environnements incertains. Quand vous questionnez quelqu'un, sauf si les preuves sont vérifiables et vérifiées, il est important de considérer que les suspects sont potentiellement innocents. Si vous vous êtes persuadé qu'il est coupable, alors, par phénomène de dissonance cognitive, vous trouverez toutes les bonnes raisons pour confirmer votre hypothèse, même si l'individu est blanc comme neige. Ce doute, qu'il est nécessaire d'entretenir, peut cependant vous porter préjudice dès lors que l'individu cherche à vous impliquer personnellement dans vos questions directes. Si vous ne prenez pas le recul nécessaire, vous serez alors envahi par un sentiment de frustration, qui peut se traduire par la gêne, la honte ou la culpabilité comme précédemment abordé.

Votre meilleure défense est d'observer l'adéquation question/réponse. Répond-il à la question ou cherche-t-il à éluder la réponse ?

▪ L'ellipse

> *Ce matin, je suis allée chez le coiffeur, ça faisait tellement longtemps que je n'y étais pas allée ! Ensuite, j'ai eu Stéphane au téléphone, qui m'a annoncé qu'il s'est fait voler sa voiture. Le pauvre. Et puis, j'ai retrouvé Mathilde. On s'est fait un super-ciné. Les Avengers ! Tu l'as vu d'ailleurs ? Puis direct au resto et j'ai rejoint ma mère ensuite vers 15 h 00, et hop te voilà !*

Dans ce cas, Hélène, 18 ans, qui raconte son histoire, n'est jamais allée au resto. En réalité, elle est allée se faire faire un piercing au nombril. Quand elle m'a raconté cette histoire, j'ai remarqué une micro-expression de peur au moment où elle a prononcé le mot « resto ». Évidemment, vous n'avez pas pu la voir, puisque je vous relate ce qu'elle m'a raconté. Par contre, il y a quelque chose qui ne va pas, précisément à l'étape du restaurant. Pour décrire tous les événements de sa journée, Hélène utilise le « je » et précise ce qu'elle a fait. Quand elle évoque son déjeuner, elle fait l'ellipse du pronom et le remplace par « direct », qui est un moyen de se distancier de l'objet, en ne s'impliquant pas personnellement. Si l'on respecte à la lettre et logiquement sa façon de s'exprimer, elle aurait dû dire : « Puis on est allées au resto » ou : « Puis je suis allée au resto. » En effet, en plus du langage distancier, elle ne précise pas si elle est allée au restaurant seule ou avec Mathilde. Ce qui constitue un second indice, sur lequel il convient de s'interroger. Toutes les séquences comportent une explication, succincte, mais une explication tout de même.

L'ellipse est fréquemment utilisée par les arnaqueurs en tout genre pour se distancier d'un sujet litigieux.

▪ Les déclarations de référence

Mars 2009, notre baby-sitter soupçonnée d'avoir volé deux bouteilles d'alcool. Ma femme lui pose quelques questions avant que j'arrive. Je prends le relais.

> – *Veuillez m'excuser pour mon retard…*
>
> – *Comme je disais à votre femme, ça ne peut pas être moi, je n'aime pas l'alcool.*

Aïe, aïe, aïe… mauvaise réponse.

Première chose, elle ne nie pas. « Ça ne peut pas être moi » est une objection, non un démenti. Deuxième chose, quel est le rapport entre « aimer l'alcool » et le voler ? Aucun. On ne vole que les choses que l'on aime ? Et, la dernière chose, tout aussi importante et à laquelle je souhaite vous sensibiliser, c'est la déclaration de référence : « Comme je disais à votre femme. » Plus communément, il s'agit d'un achat de crédibilité, en prenant à partie ma femme. Elle m'a crue, pourquoi ne me croyez-vous pas ? Évidemment, elle s'imagine bien que ma femme émet de sérieuses réserves, mais, formulée ainsi, la déclaration gagne en épaisseur et en crédit.

Les suspects, dont la culpabilité est fortement engagée, ont souvent recours à cette méthode, malgré eux, quand ils relatent leur histoire lors d'interrogatoires ou d'auditions.

▪ L'habitude

Juillet 2003, nord de Montréal, Canada. Je visionne un interrogatoire enregistré par la police. L'homme, d'une vingtaine d'années, est suspecté d'avoir volé des jeux vidéo dans un dépôt.

> – Qu'est-ce que tu faisais hier soir ?
>
> – Ce que j'ai fait hier ? Hier, on était mardi, c'est bien ça ? Le mardi, j'ai pour habitude de faire un squash, j'ai un abonnement à l'année, vous savez. Et presque toujours, on se prend la même salade après le match. Vous savez, ces salades bien digestives...

La réponse est effectivement honnête. Le mardi, il joue habituellement au squash. Mais habituellement. Le souci, c'est que cette fois-ci, ce monsieur a dérogé à son habitude, en faisant un petit tour dans un dépôt. L'enquêteur ne lui demande pas ce qu'il a pour habitude de faire, mais ce qu'il a précisément fait la veille. Ce sont deux choses bien différentes. Le seul élément commun est le mardi. C'est d'ailleurs pour cela que l'individu saute sur l'occasion de fournir une réponse tout à fait crédible, mais qui ne répond malheureusement pas à la question.

C'est une technique particulièrement habile, qui permet de répondre à une question sans mentir, mais sans pour autant répondre directement à la question posée. Ce n'est autre que de la distanciation, en éludant la réponse.

Un manque d'implication personnelle : focus sur les indices

L'implication regroupe les techniques visant à diminuer le niveau d'implication du sujet face à l'objet du délit.

- **L'objection**

> – *Avez-vous volé cet argent ?*

Observez les différentes réponses et tâchez de repérer la ou les réponses honnêtes. Ne trichez pas.

> *Réponse 1 : « Je n'ai pas volé cet argent ! »*
>
> *Réponse 2 : « Je n'ai pas pu voler cet argent, j'étais chez moi toute la journée hier. »*
>
> *Réponse 3 : « Je n'ai jamais eu de problème d'argent, pourquoi je ferais ça ? »*
>
> *Réponse 4 : « Il faudrait que je sois bête pour faire une chose pareille ! »*
>
> *Réponse 5 : « Non ! »*

En réalité, seules deux réponses sont potentiellement honnêtes. La première et la dernière. Qu'est-ce qui les distingue des autres ? Ou plutôt, que manque-t-il aux autres ? La réponse tient en un mot : la réfutation. Dans les réponses 1 et 5, les personnes nient en bloc, réfutant toute implication. *A contrario*, les réponses 2, 3 et 4 n'apportent pas de démenti, mais uniquement des objections.

La différence peut paraître subtile mais elle est fondamentale. Les coupables émettent généralement des objections, en procurant des raisons qui pourraient les disculper. Ils se justifient avec véhémence car, contrairement aux innocents, ils ressentent davantage le besoin de convaincre. Cela tient au fait qu'ils ont besoin de vendre une fausse innocence. Les innocents, *a contrario*, nient simplement, en s'opposant à ce qui est dit. Faites vous-même l'exercice. Si je vous demande si vous avez volé ma voiture, quelle sera votre réaction première ? Vous nierez très probablement...

La réduction de peine

Septembre 2012, centre de Paris. Des soupçons de fraude pèsent sur deux cadres. Interrogatoire de l'un d'eux.

> *– À votre avis, qu'est-ce qu'encourt le type qui a fait ça ?*
>
> *– Ben, j'en sais rien. Il ne mérite pas quinze ans de prison, mais sûrement un petit quelque chose.*

Bingo ! C'est une réaction naturelle de défense. Une personne coupable tend à alléger la sentence quand on lui demande de se prononcer sur la peine potentielle. Si jamais les masques tombent, au moins aura-t-elle essayé d'adoucir le châtiment, et ainsi de s'accorder les faveurs du bourreau. À l'inverse, les innocents sont enclins à alourdir le châtiment, car ils veulent punir ceux qui trichent. Généralement ils triment dans le cadre imposé par la loi. Par conséquent, ils considèrent que tout écart doit être sévèrement puni.

Dernière chose, prenez le temps de relire la réponse. L'écart entre « quinze ans de prison » et « un petit quelque chose » est significatif. La personne utilise la même méthode que le système d'enchères en négociation. Elle négocie déjà sa peine, avant même d'avoir été jugée. C'est un signe flagrant de culpabilité.

La déclaration de culpabilité

Toujours la même affaire. Le second suspect est interrogé.

> *– Vous nous disiez être prêt à collaborer. Qu'est-ce que vous entendez par là ?*
>
> *– Supposons que je sois capable de vous aider, sans pour autant dire que j'en suis capable, que m'arrivera-t-il ?*

Ce genre de réponse est assez fréquent quand les sujets sont acculés. Les preuves étant accablantes, ils cherchent à réduire leur peine avant le jugement final, en proposant leur collaboration. C'est d'ailleurs les films américains qui les incitent à utiliser de telles tournures. Ils n'ont jamais formulé cette phrase de leur vie, et pourtant ils utilisent presque tous exactement les mêmes mots. Dans le même registre, certaines personnes exigent de voir des mandats avant d'ouvrir leur porte lors d'une perquisition. Les mandats, cela existe aux États-Unis, pas en France. Un ami gendarme m'a raconté avoir utilisé des mandats postaux pour rassurer des individus un peu trop collés à leur téléviseur !

Autre exemple du même acabit, un homme âgé, suspecté d'attouchements sur des enfants de sa famille et reconnu coupable par la suite, m'avait déclaré :

> *Je veux bien reconnaître avoir fait des conneries quand j'étais jeune, mais de là à faire ce genre de choses, c'est autre chose !*

En admettant sa culpabilité sur un sujet trivial, il achète auprès de moi une dose conséquente d'honnêteté. Ce qu'il veut me signifier, c'est qu'ayant le courage de reconnaître ses erreurs passées, il avouerait naturellement avoir attouché ces enfants si c'était le cas. Il distille subtilement un principe moral dont il vient de se doter. Ce type de tournure est également très usité dans le cadre de la fraude. Les phrases qui reviennent souvent :

> *– Je veux bien reconnaître avoir pris quelques ramettes de papier, mais de là à détourner 100 000 euros, c'est autre chose !*

> *– Bon, oui, c'est vrai, j'ai commandé des fournitures de bureau pour la rentrée de mes enfants, mais je ne suis pas assez fou pour avoir piraté le système de gestion de paie !*

Ma préférée restant celle-ci, sur un détournement de 15 000 euros de chèques-cadeaux. Ce directeur les gardait pour sa consommation personnelle (TV, voyages, boutiques…), au lieu de les attribuer à ses clients. Nous avions bien pris soin de ne pas lui communiquer le montant global des chèques-cadeaux détournés en utilisant le terme « somme très conséquente » :

> *OK, OK, j'avoue, j'avoue m'être accordé quelques souplesses de l'ordre de 10 000 euros, comme tout le monde peut parfois le faire, mais de là à m'accuser de montants faramineux, c'est autre chose !*

Comme quoi l'esprit humain interprète ce qu'il veut…

▪ L'autodérision

Janvier 2001, Paris. Un homme, de taille moyenne, est suspecté de s'être hissé jusqu'à la fenêtre du premier étage pour s'introduire dans un bureau pendant la nuit.

> *– Donc vous maintenez que ce n'est pas vous ?*
> *– Regardez-moi, je ne suis même pas assez grand pour ouvrir les placards les plus hauts de ma cuisine.*

Heureusement qu'on a inventé l'échelle.

Les menteurs ont une fâcheuse tendance à diminuer leur implication en faisant preuve d'autodérision. « Vous m'imaginez, moi, faire ça ? » Ces tournures ont pour objectif de créer un lien empathique et émotionnel entre vous et l'individu. L'empathie consiste à se mettre dans les souliers de l'autre, c'est-à-dire à entrer dans son cadre de référence pour comprendre les ressorts qui l'animent. En vous interpellant sur sa condition physique ou mentale, il espère ainsi vous projeter dans son corps pour que vous puissiez parvenir à la conclusion que votre accusation n'est « mécaniquement » pas possible.

Le cheminement psychologique est habile mais trompeur.

▪ L'obséquiosité

Janvier 2010, entretien d'embauche de la nounou.

> *– D'après ce que je vois, vous avez une expérience significative dans la garde d'enfants ?*
> *– Effectivement.*
> *– Vous voulez boire quelque chose avant de continuer ?*

— Non merci.

— Vous êtes sûre ? Surtout, soyez à l'aise.

— Non, c'est bon.

— Vous mentionnez un diplôme de puéricultrice ?

— Oui, monsieur.

D'où sort ce « monsieur » ?

Il tombe en effet comme un cheveu sur la soupe. Le « monsieur » semble injustifié dans le cas présent, car il n'a été aucunement utilisé auparavant et ce, pendant toute la durée de l'entretien. Pourquoi faire preuve de tant de politesse tout à coup ?

Les sujets délicats s'esquivent avec un sourire contenu quand la communication n'est pas possible ou peu recommandée, et par de l'obséquiosité quand le sujet a l'opportunité de se justifier. C'est équivalent au fait de passer de la pommade pour que les choses soient acceptées plus facilement.

En étant obséquieux, l'individu espère augmenter son « capital sympathie » pour que son attitude ait un impact positif sur l'évaluation qui sera faite de lui. Les agents douaniers sont particulièrement attentifs à cette technique.

- **Le *name-dropping***

Mars 2013, Paris. Contrôle routier d'un automobiliste ayant oublié de s'arrêter au feu rouge…

— *Vous réalisez que vous avez grillé le feu ?*

— *Pas vraiment. Pour moi, il était à l'orange.*

— *Quoi qu'il en soit, voici votre amende de 135 euros et 4 points de retrait sur votre permis de conduire.*

— *Bon, donnez-moi ça, je verrai avec M. Henry de toute façon.*

— *C'est qui, M. Henry ?*

— *Le préfet de la région. Vous vous appelez comment, au fait ?*

Bien essayé, mais cela n'a pas marché. Cette histoire m'a été racontée par un ami gendarme. Des tentatives similaires, il en existe des centaines dans tous les milieux. Le but étant de se raccrocher à une autorité supérieure pour gonfler artificiellement sa propre aura et, ainsi, provoquer un sentiment de peur chez l'autre. Face à des juniors sans expérience, cela peut fonctionner. Je l'ai vu notamment en entreprise, où certaines personnes ont une fâcheuse tendance à se targuer de connaître personnellement tel ou tel cadre dirigeant, voire le président, pour asseoir le pouvoir ou leur autorité. C'est également un artifice pour obtenir de la considération. On est toujours jugé plus sympa quand on connaît quelqu'un de haut placé. Le pouvoir est parfois enivrant, surtout pour ceux qui aspirent à le côtoyer un jour.

Pour revenir à cet exemple, ce que l'on ne voit pas forcément au premier coup d'œil, c'est la menace insidieuse de l'automobiliste. S'il utilise volontairement des sentiers de traverse, il menace tout simplement de sanctionner le gendarme par un biais détourné qui n'est autre que le préfet. Pourquoi apporter une réflexion sur la menace insidieuse ? En règle générale, les individus honnêtes n'ont pas recours à la menace pour se tirer d'affaire. Ils nieront dans un premier temps fermement leur implication et apporteront par la suite des explications rationnelles. Les menteurs, *a contrario*, ont une forte propension à user de moyens coercitifs (menaces, ultimatums et insultes) pour tenter d'inverser la pression et de reprendre l'ascendant sur la situation. Quand vous ne pouvez faire de la vérité un allié, les menteurs considèrent souvent la force comme un recours acceptable.

▪ L'implication émotionnelle

Région niçoise, octobre 2008. Un collaborateur me rapporte s'être fait carjacké sa voiture de fonction.

Prenez le temps de relire l'histoire suivante. Le contenu technique n'est pas important.

> *La journée commençait bien, il faisait beau. Du coup,*
> *j'ai décidé de prendre mon petit déj en terrasse chez*

Clem's. En plus je connais bien le patron. J'ai traité mes e-mails tranquille et passé quelques coups de fil. J'ai eu un premier rendez-vous à 10 h 00 dans un hypermarché. Rien de bien méchant, pas d'actualités particulières et, en plus, son magasin est nickel depuis sa réimplantation. On a une super-part de linéaire. Je sors du magasin et, au moment où je remonte dans ma voiture, un type arrive avec un couteau et me dit que si je ne lui donne pas ma caisse, il me plante. J'attrape mon PC et je lui donne les clefs pour ne pas tenter le diable. Il part en trombe ! Ni une ni deux, j'appelle la police, et je passe ensuite au commissariat pour déclarer le vol. Du coup, je suis obligé de prendre le bus. J'arrive là-bas, c'était blindé ! J'y ai passé l'aprèm ! Heureusement, pendant l'attente, j'ai pu travailler de mon PC et prévenir la responsable du parc auto. Bref, je ne te dis pas la bonne journée de loose !

Ce récit comporte deux indicateurs majeurs de tromperie. L'un appartient à la catégorie « implication », l'autre à la catégorie « structure ». Ce dernier sera volontairement traité par la suite, dans la catégorie prévue à cet effet.

Qu'est-ce qui cloche ici ? L'implication émotionnelle.

Quand vous vivez un événement particulièrement perturbant, vous communiquez avant tout avec vos émotions. Ce qui signifie que votre récit sera empreint de ressentis. Très peu de personnes sont capables de raconter un *carjacking* sans évoquer un sentiment négatif. Cela peut être de la peur, de la panique, de la honte, du dégoût, ou encore de la colère. Verbaliser ses sentiments est un moyen naturel de les évacuer. C'est la raison pour laquelle les individus éprouvent souvent le besoin de raconter leurs histoires marquantes à plusieurs reprises. Dans le cas présent, les informations sont avant tout factuelles, dénuées d'émotions, et respectent une chronologie parfaite. Ce qui laisse fortement présager que l'histoire a été préparée en amont pour être livrée telle quelle.

▪ La mémoire sélective

Janvier 2013, banlieue parisienne. Le directeur général d'une PME est suspecté d'abus de biens sociaux.

> *– L'entreprise a-t-elle financé vos vacances et celles de certains de vos directeurs ?*
> *– Pas autant que je m'en souvienne.*

La tournure est belle, mais pas assez convaincante.

La perte de mémoire est un indice qu'il convient de bien étudier. Dans certains cas, la mémoire peut être réellement altérée. De ce fait, les souvenirs ne remontent plus aussi facilement qu'ils le devraient. Dans d'autres cas, il n'y a pas de perte de mémoire. C'est tout simplement de la mémoire sélective. Le sujet choisit volontairement d'occulter certaines informations pour éviter des conséquences plus ou moins désastreuses pour lui.

Dans le cas présent, le contexte est particulièrement utile. En tant que président, il est très peu probable qu'il ne soit pas au courant des agissements de ses N-1, surtout s'il a également, personnellement, bénéficié des largesses de la société. La mémoire sélective est une technique particulièrement efficace pour le menteur. D'une part, elle permet de couper court à la recherche d'informations. Vous pouvez effectivement « taper plus fort », comme un marteau le ferait sur un clou déjà enfoncé, mais si la personne brandit la perte de mémoire ou la méconnaissance du sujet, vous n'en tirerez rien du tout. D'autre part, si la vérité devait faire surface, la personne pourrait aisément rétorquer qu'elle n'a pas menti. En effet, elle pourrait facilement répondre qu'elle ne se souvenait pas lors de l'interrogatoire, mais que, maintenant que les faits sont avérés, les choses lui reviennent plus précisément. Donc, techniquement, elle n'a pas menti. C'est d'ailleurs pourquoi bon nombre de politiciens utilisent les formules suivantes :

– « *Pas autant que je me souvienne.* »

– « *Pas à ma connaissance.* »

– « *De ce que je sais.* »

– « *Je peux me tromper, mais…* »

Elles permettent toutes de protéger la personne et d'éviter de modifier la réalité. C'est tout bonnement de l'omission calculée.

Un problème de cohérence du discours : focus sur les indices

Ces indices de tromperie présentent des interférences importantes dans le discours, générant des incohérences.

▪ Le faux « mais »

Décembre 2005, dans un cercle de jeux clandestin de la banlieue lyonnaise. Un homme est appréhendé pour tentative de triche manquée à une table de poker. C'est un « *switchman* », ce qui veut dire qu'il vole des cartes en cours de partie pour les introduire plus tard, quand elles peuvent améliorer sa main. Pour la petite histoire, je l'avais déjà vu à l'œuvre deux ans plus tôt dans le sud de la France.

> – *Comment expliquez-vous le fait que vous vous retrouviez avec trois cartes en main, alors que le croupier ne vous en a distribué que deux ?*
>
> – *Écoutez, cela va vous sembler fou, mais deux cartes étaient collées, ce qui fait que quand j'ai découvert ma main, j'avais trois cartes : une normale et deux collées.*

Effectivement c'est fou ! Tellement fou que c'est n'importe quoi.

Les individus qui ont recours à ce type de technique espèrent capter votre attention par le biais d'un *teasing* bien jaugé, suivi d'une justification qui se doit de dépasser votre niveau d'attente ou d'exigence. C'est la théorie du « plus c'est gros, plus ça passe ». Et, par moments, ça passe !

Gardez à l'esprit que certains utilisent cette méthode aux mêmes fins, mais au lieu de vous livrer quelque chose dépassant votre imagination, à l'inverse, ils révèlent des banalités ou des arguments totalement logiques. À titre d'exemple, un individu rentre chez lui à 3 heures du matin et vous relate son histoire : « Et vous n'allez pas le croire, mais quand je suis rentré, ma femme dormait. » Et alors ? Rien de plus normal que votre femme dorme à 3 heures du matin. C'est de l'habillage piètrement élaboré pour rendre les justifications un peu plus plausibles.

Méfiez-vous des tournures de ce type qui sont très souvent trompeuses :

- *« Vous n'allez pas le croire, mais… »*
- *« Vous allez penser que j'invente cette histoire, mais… »*
- *« Ça peut paraître étrange, mais… »*
- *« Ça peut paraître insensé, mais… »*

▪ Le temps employé

Juillet 2002, nord de l'Angleterre. Une jeune femme est interrogée sur la disparition de deux fillettes.

– *Vous les connaissez ?*
– *Évidemment, et je les adorais.*

Elle fut reconnue complice du meurtre des deux fillettes.

C'est précisément cette réponse qui mit la puce à l'oreille des policiers. Elle devrait, en toute logique, utiliser le présent, puisque les fillettes ont disparu. Leurs corps n'ayant pas été retrouvés, l'espoir naturellement demeure. L'usage du présent est donc de rigueur.

En s'exprimant au passé, cette jeune femme se trahit. Elle sait pertinemment que les fillettes sont mortes, puisqu'elle est la complice du meurtrier. C'est d'ailleurs la seule personne interrogée dans cette affaire qui a employé le passé en parlant des enfants.

Dans des contextes moins sordides, l'usage du passé est également un précieux indicateur. Faites particulièrement attention quand des individus déclarent qu'ils ont mis fin à une addiction, un litige ou une liaison affective. L'utilisation du présent, quand le passé devrait être de rigueur, a souvent tendance à les trahir.

- **Les lapsus**

Juin 2004, séminaire de *team building* dans le sud de la France. L'activité comprend une descente en rappel. Je lis la peur sur le visage de Cécile, même si elle tente de la cacher.

> – *Tout va bien, Cécile ?*
>
> – *Oui, aucun souci.*
>
> – *T'es sûre ? Tu sais, tu n'es pas obligée de le faire. Ça doit rester avant tout du plaisir.*
>
> – *Je t'assure, j'ai vraiment peur. Allez, on y va !*

Je pensais qu'elle allait se reprendre d'elle-même, mais elle ne s'en est même pas rendu compte. Après un mètre de descente, elle est remontée.

Freud voit en ces lapsus des manifestations de notre inconscient. Le sentiment de malaise ou de honte est tellement fort qu'il surgit malgré notre censeur interne (le surmoi). Dans tous les cas, la pensée a bousculé les mots hors de la bouche de Cécile, révélant son véritable état émotionnel.

S'ils peuvent être de précieux alliés pour détecter le mensonge, les lapsus restent en général très rares.

Une structure qui fait défaut : focus sur les indices

La structure du contenu vise à étudier et à comprendre l'agencement et l'articulation d'une histoire racontée pour faire émerger des incohérences.

▪ La chronologie

Je vous propose de parcourir de nouveau cette histoire, puisqu'elle offre un second indice de tromperie.

L'adolescent a été appréhendé à son domicile après avoir tenté de voler du matériel informatique dans un dépôt de la banlieue parisienne en mars 2012. Il a été arrêté, suite au témoignage d'une automobiliste ayant assisté à la scène.

> *Hier matin, vers 7 h 00, j'étais confortablement installé dans mon lit et je lisais une BD de Punisher, un superhéros, mais vous ne devez sûrement pas connaître, sans vouloir vous offenser bien sûr. La télévision était allumée, mais je ne la regardais pas. Je me rappelle que je mangeais un Mars et que ma petite sœur s'est réveillée dans la chambre d'à côté. Au moment où j'allais m'endormir, vous êtes arrivés !*

Une heure plus tard, il est demandé à l'adolescent de répéter son histoire.

> *Bon, comme je vous le disais, hier matin, vers 7 h 00, j'étais confortablement installé dans mon canapé-lit et j'étais en train de lire une BD de Punisher, un superhéros. La télévision était allumée, sans que je la regarde. Je me rappelle que je mangeais une barre de Mars et aussi que ma petite sœur s'est réveillée dans la chambre d'à côté. Après, j'ai commencé à m'endormir, mais vous êtes arrivés !*

Quelque chose vous interpelle ?

Dans les deux versions, les faits sont racontés sans s'écarter de la chronologie. Ils se succèdent l'un après l'autre, sans que la personne commette d'erreurs ou vienne ajouter des informations complémentaires dans la seconde version.

Or, quand on vous demande de raconter une histoire que vous avez vécue, elle ne respecte que très rarement un ordre chronologique, pour la simple et bonne raison que vous sollicitez votre mémoire pour en extraire des souvenirs. Outre les périodes d'hésitation et d'autoconfirmation qui hachent le récit, vous procédez à un tri, très souvent à l'oral, pour classer vos souvenirs de manière à reconstruire l'histoire et sa chronologie, afin de vous faire comprendre. Ce qui veut dire que vous vous contredisez par moments ou que vous revenez en arrière. Contrairement aux idées reçues, les personnes qui se contredisent ou hésitent quand elles doivent raconter une histoire passée tendent à être plus honnêtes que les personnes qui ne dévient jamais de leur histoire. De plus, les personnes honnêtes rajoutent très souvent des détails au cours du récit d'une seconde version, au gré des souvenirs qui remontent à la surface. Ce qui fait que deux versions des faits sont rarement identiques.

Les menteurs, qui ont le temps de se préparer, apprennent généralement une version altérée des faits par cœur. Ensuite, ils font en sorte de ne pas s'en écarter. Imaginez une ligne droite et des petits sentiers perpendiculaires. Les menteurs n'emprunteront pas les sentiers, de peur de s'égarer, et donc de se trahir. En imaginant livrer deux versions identiques, ils pensent acheter leur crédibilité, puisque leur histoire ne souffre d'aucune contradiction. À vouloir paraître trop parfait, on provoque la suspicion.

▪ Les détails

Lisez cette histoire, qu'une amie soupçonnant son mari de la tromper m'a rapportée.

> – T'es rentré tard hier, tu sais ?
>
> – Oui, je suis désolé, la soirée s'est attardée, et puis c'était super...
>
> – Tu étais où ?
>
> – Dans un bar, tu ne connais sûrement pas, il n'est pas trop connu. C'est un pote de Seb, tu sais, celui qui habite à Suresnes, qui nous a emmenés là-bas. L'ambiance était super-bonne et les cocktails n'étaient

pas chers du tout. Devine le prix des cocktails. Tu n'arriveras jamais à le croire !

– Je ne sais pas, dis-moi.

– Trois euros, tu te rends compte ? C'est complètement fou !

– Et donc ?

– Ouais, comme je te le disais, la musique était super-sympa, sorte de jazz électro, mais pas vraiment. Il avait en plus refait la déco du bar, ce qui donnait une super-ambiance un peu rétro, mais à la fois moderne.

Je vous épargne la suite, qui est dans la même veine.

Qu'est-ce qui cloche ici ?

Effectivement, il y a trop de détails. Beaucoup trop de détails qui n'apportent rien.

Reprenez l'histoire maintenant. Mon amie demande-t-elle à son mari de lui fournir des détails ? Pas du tout. Les détails apportent-ils quelque chose à l'histoire ? Est-ce la nouvelle déco du bar qui l'a fait rentrer tard ? Toujours pas.

Les menteurs ont tendance à fournir beaucoup de détails pour rendre leur discours plausible. C'est souvent de la poudre aux yeux pour stopper le processus de réflexion de l'interlocuteur. Il ne peut dire que la vérité, compte tenu de la description détaillée qu'il vient de faire !

Pour la petite histoire, mon amie a reçu deux jours plus tard un SMS de son mari lui disant : « Je repense à notre dernière soirée, tu me manques tellement... » Il s'était juste trompé de destinataire...

> **À noter**
>
> Les détails sont légitimes quand :
> – ils sont sollicités par celui qui pose des questions ;
> – ils apportent quelque chose à l'histoire (clarification ou complément d'information) ;
> – ils ne se substituent pas à la réponse.

▪ La part de récit accordée à l'objet du délit

Prenez le temps de relire l'histoire du *carjacking*. Elle contient un autre indicateur clé de tromperie.

Région niçoise, octobre 2008. Un collaborateur me rapporte s'être fait carjacker sa voiture de fonction.

> *La journée commençait bien, il faisait beau. Du coup, j'ai décidé de prendre mon petit déj en terrasse chez Clem's. En plus je connais bien le patron. J'ai traité mes e-mails tranquille et passé quelques coups de fil. J'ai eu un premier rendez-vous à 10 h 00 dans un hypermarché. Rien de bien méchant, pas d'actualités particulières et, en plus, son magasin est nickel depuis sa réimplantation. On a une super-part de linéaire. Je sors du magasin et, au moment où je remonte dans ma voiture, un type arrive avec un couteau et me dit que si je ne lui donne pas ma caisse, il me plante. J'attrape mon PC et je lui donne les clefs pour ne pas tenter le diable. Il part en trombe ! Ni une ni deux, j'appelle la police, et je passe ensuite au commissariat pour déclarer le vol. Du coup, je suis obligé de prendre le bus. J'arrive là-bas, c'était blindé ! J'y ai passé l'aprèm ! Heureusement, pendant l'attente, j'ai pu travailler de mon PC et prévenir la responsable du parc auto. Bref, je ne te dis pas la bonne journée de loose !*

Ce collaborateur ne s'est jamais fait carjacker. En réalité, il a prêté sa voiture à un de ses amis pour qu'il puisse en profiter, ainsi que de sa carte essence, volontairement restée sous le pare-soleil.

Qu'est-ce qui ne va pas du tout dans cette histoire ? Le partage. L'objet de l'histoire est le *carjacking*. C'est l'événement clé de la journée. Et pourtant, la part qui lui est accordée ne dépasse pas 15 % du récit global. Elle se résume à une seule phrase. Cela vous semble logique ? Dans toute histoire, il y a un *avant*, un *pendant* et un *après*. Quand les faits relatés sont émotionnellement forts, le *pendant*, c'est-à-dire l'objet de l'histoire, s'approprie au minimum 60 % du récit global. Le *avant* et le *après* se partagent ensuite le reste.

Quand l'histoire est inventée, on assiste généralement à un phénomène de vases communicants. Les *avant* et/ou *après* se remplissent fortement, au détriment du *pendant* qui dépasse rarement les 30 à 40 %.

ANALYSER LE PARAVERBAL : RYTHME DOUTEUX OU PAUSES SUSPICIEUSES...

Si le verbal permet de nous distinguer des animaux, le paraverbal nous différencie des ordinateurs.

Un ordinateur est programmé pour transmettre des informations brutes, ou traitées par le biais d'algorithmes. Dans ces deux cas, l'information sera livrée sans émotion, sans accentuation et sans relief. Quelle que soit la personne qui récupérera cette information, celle-ci lui sera livrée exactement de la même manière. Son interprétation dépendra cependant de l'individu.

L'homme, quant à lui, donne forcément du relief aux messages qu'il véhicule. C'est son mode de fonctionnement, et il le sait. Il sait pertinemment qu'un message, porté par un rythme soutenu ou par un ton monocorde, n'aura pas le même écho auprès de celui qui le réceptionne. La dimension que l'individu voudra donner à son message passera nécessairement par l'habillage qu'il lui attribuera. S'il a la volonté de convaincre son interlocuteur, il y apportera l'emphase nécessaire. S'il a pour objectif de s'aliéner l'autre, il lui conférera d'un ton sec et acerbe. Cette dimension, ce relief ou cet habillage, nommez-le comme vous le souhaitez, constitue l'essence même du paraverbal.

En définitive, le paraverbal se sert des mots pour exprimer le ressenti. Les mots savent le faire, mais souvent ce n'est pas suffisant. De plus, quelle valeur ont les mots sans l'habillage indispensable ? Un « je t'aime » glissé sans accentuation au niveau du « t » ni soupir amoureux peut-il espérer être convaincant ? Non. Et d'ailleurs, votre interlocuteur vous le fera tout de suite savoir. Ce qui veut dire que la congruence est une fois de plus au cœur du débat. Sans congruence, le message est dénué d'honnêteté.

Je vous propose de parcourir les indices sur lesquels je prête deux oreilles attentives. Les précautions d'analyse évoquées dans la section « Analyser le verbal : entre ellipse, lapsus, etc. » s'appliquent à l'identique pour le paraverbal.

Le temps de réponse

Janvier 2012, cercle de jeux de la banlieue parisienne. Un amateur, compte tenu de sa dextérité, est appréhendé après avoir tenté de tricher de façon très lamentable.

> – Vous êtes du coin ?
>
> – Oui (réponse inférieure à 1 seconde).
>
> – Vous avez quel âge pour info ?
>
> – 32 ans (réponse inférieure à 1 seconde).
>
> – Vous travaillez dans la vie ?
>
> – Oui (réponse inférieure à 1 seconde).
>
> – Vous faites quoi ?
>
> – Je suis livreur (réponse inférieure à 1 seconde).
>
> – C'est la première fois que vous tentez de tricher ?
>
> – … Oui (3 secondes sont nécessaires pour répondre à la question).

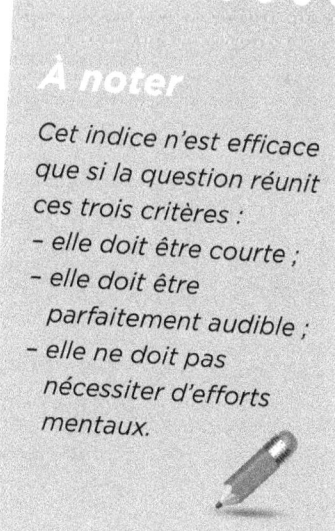

À noter

Cet indice n'est efficace que si la question réunit ces trois critères :
- elle doit être courte ;
- elle doit être parfaitement audible ;
- elle ne doit pas nécessiter d'efforts mentaux.

La dernière question, au même titre que les premières, ne nécessite volontairement pas de processus cognitif. Pourquoi donc répondre en trois secondes, alors qu'il a répondu en moins d'une seconde à toutes les autres questions ? Cet individu s'achète naturellement du temps. Il y regarde à deux fois avant de répondre, envisageant les conséquences potentielles.

Cette méthode ne fonctionne que si elle réunit les trois critères présents dans l'encart. Dans le cas contraire, on ne pourra considérer la réponse comme un indice potentiel de tromperie. Demander à un individu ce qu'il a fait lundi dernier à 14 h 00 produira très certainement un temps de réponse plus long que si vous lui demandez comment il s'appelle.

Le rythme

Janvier 2012, cercle de jeux de la banlieue parisienne. Continuité de l'interrogatoire précédent. Le signe ($) apparaît chaque fois que le débit de paroles se ralentit.

– Parlez-moi de votre boulot.

– Mon boulot ? Ya rien à dire. Je livre ce qu'on me dit de livrer, c'est tout. Rien de plus bête.

– Pourquoi l'avez-vous choisi alors ?

– Ben, pour me faire de la thune, comme tout le monde. C'est ça ou je fais des conneries. Un jour, un pote m'a proposé de faire ce job. Comme je sais conduire une mobylette, j'ai accepté. Et puis, on rencontre du monde, donc c'est quand même sympa, surtout quand il fait beau.

– Et la triche, vous y êtes venu comment ?

– C'est-à-dire ?

– Vous avez très bien entendu la question.

– Ben ($), comme je vous le disais, c'est la première fois que je triche.

– Si je vous disais que j'ai d'autres vidéos de vous en train de tricher ?

– C'est ($) que j'aime jouer ($) c'est tout. Ça passe le temps ($) et un ami m'a dit ($) que ce club était sympa. L'ambiance est bonne ($) et tout ça. Et ($) j'adore jouer.

Pourquoi le rythme se ralentit ? C'est la charge cognitive qui l'impose tout simplement.

Dans la première partie de l'interrogatoire, on peut déduire qu'il est honnête. Le rythme est sensiblement le même que celui établi lors de la *baseline*. De plus, ce qu'il raconte semble plausible.

Dans la seconde partie, le rythme se ralentit dès lors qu'il répond n'avoir triché qu'une seule fois. Tout ce qui s'ensuit adopte alors le même débit, ce qui laisse à penser qu'il réfléchit à mesure qu'il livre son histoire. C'est une traduction très fréquente de la charge cognitive. L'homme, aussi singulier soit-il, ne peut traiter qu'une certaine somme cumulée d'informations. Si la somme des informations traitées dépasse ce qu'il peut accepter, cela entraîne une diminution de son activité physique et/ou de ses facultés cognitives. C'est le fameux : « Je me concentre, je ne peux pas faire deux choses en même temps ! »

> **À noter**
>
> L'avantage précieux de cet indice est que les individus ne réalisent pas que leur rythme se ralentit quand ils mentent. Ce qui fait qu'ils ne peuvent adopter de contre-mesures pour paraître crédibles !

Relater une histoire vécue ou apprise n'est généralement pas cognitivement exigeant. Construire une histoire, sans être dérangé, l'est proportionnellement à sa complexité. Construire et relater une histoire en même temps est, dans la plupart des cas, très astreignant.

Les pauses

Dans le cadre de votre lecture comportementale, il est nécessaire de considérer les pauses sous deux angles : leur durée et leur fréquence.

Chaque individu, que son débit soit rapide ou lent, ponctue son discours de pauses. Ce qui diffère cependant est la durée et la fréquence des pauses. Ces deux critères font partie intégrante de la *baseline* de la personne. Vous devez d'abord faire cet exercice sur vous-même pour pouvoir les mesurer sur les sujets que vous observez. Mes pauses durent en moyenne une seconde et demie et se répètent douze fois sur un laps de temps d'une minute. C'est ma *baseline*.

Les pauses tendent à augmenter en fréquence et en durée quand les individus sont particulièrement mal à l'aise ou mentent et ce, pour deux raisons distinctes. Soit la charge cognitive impose un ralentissement global involontaire, soit les personnes adoptent un débit délibérément engourdi pour s'assurer de la cohérence de leur propos. Dans les deux cas, cela se traduit par des pauses plus longues et plus nombreuses.

La pause doit être également considérée dans son contexte. Regardez les deux exemples suivants. Lequel semble plus honnête que l'autre ?

– « *Que faisais-tu il y a sept ans jour pour jour ?*

– *(Pause supérieure à 3 secondes) J'en sais rien !* »

– « *Il y a un an, le 13 mars 2012, tu essayais d'ouvrir un coffre ?*

– *(Pause supérieure à 3 secondes) Pas du tout !* »

La durée de la pause est la même dans les deux exemples, pourtant, dans ces cas précis, l'un ment et l'autre dit la vérité. C'est évidemment le second qui ment. Dans le premier exemple, il est naturel de faire une pause. Personne ne sait ce qu'il faisait il y a sept ans à la même date (sauf si vous posez volontairement la question à votre mari ou à votre femme le jour d'anniversaire de votre mariage), donc la pause est nécessaire. Dans le second cas, sauf si vous êtes un criminel, vous nierez directement sans avoir recours à une pause. Or, ce monsieur prend un temps non justifié pour répondre. C'est un précieux indicateur.

La hauteur tonale

Je ne vais pas vous le cacher, la hauteur tonale est l'indice le plus difficile à observer, et il requiert des années de pratique. C'est d'ailleurs la raison pour laquelle certains chercheurs mesurent la tonalité de la voix à l'aide d'appareils électroniques dans le cadre de la détection du mensonge.

La hauteur tonale augmente quand l'individu ressent de l'anxiété, la voix devenant plus aiguë. Si le stress est provoqué par le mensonge, alors l'augmentation de la tonalité sera un véritable indicateur de tromperie. Si l'individu ment, mais ne ressent pas de stress pour toutes les raisons évoquées en amont dans ce présent ouvrage, alors la hauteur tonale n'apportera rien.

Comme pour tous les autres indices de tromperie, la *baseline* est déterminante pour pouvoir isoler un écart par rapport au comportement observé. Si la tonalité de la voix monte brusquement dans les aigus sur un sujet litigieux, alors il est nécessaire de faire davantage parler la personne.

La voix est également un excellent indicateur d'émotions ressenties. Avec la colère, la tonalité augmente. De même, quand vous tentez de convaincre ou que vous débattez d'un sujet avec passion, vous montez dans les aigus.

À l'inverse, la tonalité diminue dans le cadre de la tristesse, du chagrin, de la honte ou de l'embarras.

Souvent la tonalité permet d'identifier l'état émotionnel, avant même que les mots ne l'aient verbalisé ou ne veuillent le verbaliser. Ce conflit interne, entre ce qui est affiché et ce qui est dit, est un précieux indicateur en lecture comportementale.

La prononciation

– *C'est… c'est… n'importe quoi !*
– *Jamais je ne pourrai pas ça !*

Ces deux erreurs de prononciation ont été relevées lors du procès d'un pyromane, dont les charges étaient accablantes. Pour la petite histoire, il a été arrêté avec un briquet et des allume-feu dans les poches.

Les sujets qui mentent font généralement plus d'erreurs de prononciation. Les mots sont écorchés, les hésitations plus fréquentes et le bégaiement plus prononcé. Le stress en est la principale cause. Ces perturbations se reflètent également au niveau du corps, entraînant des comportements erratiques.

De nombreuses personnes, qui ont admis leur culpabilité, m'ont confié avoir été sujettes aux erreurs de prononciation en voulant à tout prix éviter les silences et les pauses trop longues. Par conséquent, elles ont lutté contre la charge cognitive pour paraître tout de même crédibles. Mais « malheureusement, on ne peut pas tout contrôler », m'avoua l'une d'elles. Je ne peux qu'acquiescer.

La longueur des réponses

La longueur des réponses est un indicateur utile. Cependant, il convient d'émettre une réserve. Si une réponse courte peut être un indice de tromperie, une réponse longue peut l'être également. Bien évidemment et comme toujours, la *baseline* doit être considérée en premier lieu, mais également le contexte.

Les personnes qui mentent et qui sont sujettes au stress tendent à raccourcir, aussi bien volontairement qu'involontairement, la longueur de leur réponse. C'est précisément la peur de divulguer trop d'informations, ce qui pourrait mettre en danger la cohérence de leur discours, qui les freine. Par conséquent, ils adoptent la politique du « moins j'en dis, moins je m'expose ». Il faut admettre que c'est une contre-mesure perspicace et pertinente face à des techniques d'extraction d'information développées pour faire en sorte que le sujet se livre davantage. Néanmoins, comme toute technique, elle souffre d'un dysfonctionnement majeur. Si vous portez une oreille attentive, les réponses courtes jurent dans un environnement composé de réponses normalement longues.

Ainsi, une personne qui répond à une question impliquante en fournissant une moyenne de cinquante mots, reflétant alors sa *baseline*, s'exposera en livrant des réponses de dix ou vingt mots sur des sujets litigieux. Il vous faut juste regarder au bon endroit. Si vous faites correctement l'exercice, ces écarts de longueur vous sauteront aux yeux.

De la même manière, une réponse plus longue que la *baseline* peut constituer un indicateur de tromperie. Certains choisissent le chemin le plus long pour arriver à leurs fins. Ce sont très souvent des personnes maniant la langue avec une dextérité remarquable. Ils adoptent alors des réponses volontairement longues pour brouiller la lucidité de ceux qui les interrogent. Les réponses sont souvent évasives, même si elles donnent l'impression d'être précises, induisent une réflexion hors sujet pour réorienter le discours, et grouillent de détails pour paraître crédibles. Gardez toujours à l'esprit la *baseline* et l'objet de votre question. Ce seront vos meilleures armes.

Les combleurs non verbaux

Septembre 2011, entretien téléphonique d'embauche pour un poste d'assistante.

> *– Vous justifiez d'une expérience professionnelle significative.*
>
> *– Merci, c'est gentil.*
>
> *– Vous mentionnez n'être restée que deux mois chez votre précédent employeur. Qu'est-ce qui explique cela ?*
>
> *– Cela ne correspondait pas à mes attentes. J'ai préféré partir. C'est un choix personnel. Pour moi, il est important d'être en harmonie à la fois avec les valeurs de l'entreprise et les personnes avec lesquelles je travaille.*

> – *Je comprends. Qu'est-ce que l'entreprise aurait pu faire pour que cela corresponde à vos attentes ?*
> – *Euh, rien de particulier.*
> – *Alors, pourquoi êtes-vous partie ?*
> – *(Éclaircissement de voix.) Comme je vous l'ai dit, c'étaient des raisons personnelles.*
> – *Je comprends. Si je devais appeler tous vos anciens employeurs, que dirait de vous celui chez qui vous n'êtes restée que deux mois ?*
> – *Ben, pas grand-chose.*

Effectivement, pas grand-chose. Outre ce beau lapsus, elle est arrivée dix fois en retard sans prévenir en l'espace de deux mois et la société a décidé de la congédier.

J'ai choisi de creuser dès lors que j'ai ressenti de l'anxiété. Elle aurait pu être liée à une expérience douloureuse ou à un mensonge. À ce stade précis, je ne pouvais pas le savoir. J'ai pris la décision cependant de pousser plus loin.

Tout le monde use de combleurs non verbaux pour s'exprimer au quotidien, que ce soit face à cinq cents personnes ou en tête à tête. Cela fait partie de notre *baseline*. Ils peuvent adopter différentes formes : hum, euh, ben, rires nerveux, toussotements, éclaircissement de voix, et encore bien d'autres. Quand certains surgissent alors qu'ils ne font pas partie de la *baseline*, il y a lieu de s'interroger. Ils peuvent traduire l'anxiété ou le mensonge. Dans les deux cas, il est nécessaire d'aller plus loin pour en extraire la raison.

Un de mes amis s'éclaircit la gorge chaque fois qu'il doit se mettre en valeur ou qu'il formule un mensonge. Uniquement pour ces deux raisons. Le fait de le savoir me donne un merveilleux avantage…

ANALYSER LE NON-VERBAL : SE TAIRE NE SUFFIRA PAS

Si le langage nous distingue des animaux, la communication non verbale nous en rapproche. Le *non-verbal* regroupe toutes les formes d'expression n'impliquant pas l'usage de la parole. Pour tenter de couvrir l'ensemble des manifestations expressives du corps humain, les muets constituent une excellente source d'information, puisqu'ils communiquent sans l'usage de mots. Il est alors nécessaire de se poser deux questions : à quels moyens ont-ils recours pour se faire comprendre ? Qu'est-ce que leur comportement pourrait révéler malgré eux ?

Pourquoi cette seconde question ? Tout simplement parce que la communication est bidirectionnelle. D'une part, nous projetons ce que nous souhaitons. Il s'agit de l'expression de notre volonté pour satisfaire un objectif précis. D'autre part, nous nous livrons à notre insu. Rougir face à un compliment est un mode de communication. Certes, il n'est pas volontaire, mais il est interprété et compris par celui qui réceptionne ce message physiologique.

> **À noter**
>
> En tâchant de répondre aux deux questions préalablement posées, j'identifie quatre moyens majeurs de communiquer non verbalement :
> - les mouvements corporels ;
> - les expressions faciales ;
> - les réponses physiologiques ;
> - la proxémie.

Comme vous avez pu le constater (*cf.* encart), j'ai volontairement occulté les vêtements, qui sont un excellent moyen de communiquer son statut, mais qui s'avéreront d'une piètre utilité dans le cadre de la détection du mensonge.

Les mouvements corporels parlent pour vous

C'est avant tout le cerveau qui donne vie à notre corps. Marcher, parler, se reposer, courir, interpeller ou s'asseoir constitue des directives émanant de notre cerveau. Tous ces verbes d'action, qui vont mettre le corps en mouvement, s'inscrivent dans une démarche réfléchie et préméditée. Le cerveau décide, le corps s'exécute.

Cependant, parfois, le cerveau dicte, tel un autocrate, des ordres qu'il essaie lui-même de réfréner pour des raisons contextuelles. Vous regardez un film d'horreur avec votre amie. Une scène particulièrement violente fait brusquement monter en vous l'effroi. Comme vous êtes un homme, vous décidez de ne pas montrer que vous êtes une poule mouillée, donc vous absorbez cette émotion, en espérant qu'elle ne « fuitera » pas d'une manière ou d'une autre. Quel a été le cheminement cérébral ? Le cerveau a envoyé un signal de peur au corps, lui proposant de détourner la tête ou de fermer les yeux. Puis, quelques dizaines de secondes plus tard, après analyse de la situation (« J'ai de gros bras, qu'est-ce que va penser ma copine de moi ? »), il fait machine arrière et envoie un nouveau signal annulant le précédent. La machinerie était complexe et lourde, le corps a tout de même réagi, laissant échapper un petit sursaut au niveau des pieds et une brève tension musculaire générale.

Cet exemple, parmi tant d'autres, illustre ce que le corps peut parfois révéler malgré vous.

Encore une fois, il n'existe pas d'indice de tromperie universel, comme : « Il se touche le nez, donc il ment. » Ce sont les écarts par rapport à la *baseline*, au comportement universel ou ce que le contexte impose – *CHUC* –, qui vous permettront de révéler le mensonge, s'il existe.

La tâche serait titanesque d'essayer de recenser tous les écarts de comportement s'appliquant à chaque situation. J'ai pris la liberté de mettre en évidence un exemple pour chaque partie du corps concernée.

- **Trahi par… ses pieds**

Les pieds sont un formidable amplificateur de comportement. Non pas qu'ils révèlent qu'une personne ment quand ils s'activent, mais ils ont l'immense avantage de réagir honnêtement aux situations. Pourquoi ? Parce qu'ils sont la dernière partie du corps que nous regardons quand nous parlons à quelqu'un. Et d'autant plus quand ils se cachent à l'abri des regards sous une table… Ce qui signifie que nous leur accordons peu d'importance, notamment quand il s'agit de réprimer des émotions. Nous porterons naturellement, et en premier lieu, nos efforts sur notre visage, compte tenu de son exposition. Après le visage, nous ferons attention à notre torse, nos bras et nos mains, qui sont les parties les plus visibles après le visage. Mais les pieds seront toujours relégués au dernier plan. Et c'est une bonne chose pour nous ! Les pieds sont plus honnêtes que le visage !

La position des pieds, en soi, ne signifie rien. Elle est avant tout déterminée par le contexte. De ce fait, si vous êtes capable de comprendre le contexte, vous comprendrez la signification des positions. Si, par exemple, vous vous adressez à une personne dont les deux pieds pointent vers l'extérieur, vous pouvez légitimement vous poser des questions quant à l'intérêt qu'elle vous porte, même si elle sourit poliment. Cette attitude est contraire à ce que les normes imposent habituellement. Deux personnes qui se font face, engagées dans une conversation entraînante, ont également les pieds face à face. Le corps entier reflète l'intérêt de la conversation, en se positionnant droit face à la personne. Que faites-vous quand vous n'êtes pas intéressé par quelque chose, sans contrainte de vernis social ? Vous vous en détournez, tout simplement. Maintenant, quand la situation vous impose de faire bonne figure, vous vous placez face à votre interlocuteur. Mais peut-être avez-vous oublié vos pieds…

▪ Trahi par… ses jambes

Identifier un écart de comportement lié à une partie du corps nécessite de comprendre parfaitement l'utilité de la partie étudiée. À quoi nous servent nos jambes ? À marcher, à courir, à fuir, à s'immobiliser, à s'asseoir, à se lever, à sauter, ou encore à se battre. Les pieds font office de points d'appui, mais ce sont les jambes qui assurent le gros de l'effort. Dans les interactions sociales, nous mobilisons nos jambes essentiellement pour nous déplacer, nous asseoir, nous lever et nous arrêter. Tout le monde les sollicite de la même manière. Maintenant, les positionnons-nous tous de la même manière en fonction de la situation ? Vous évoquez un sujet litigieux avec votre compagnon. Si celui-ci semble à l'aise à l'oral pour vous en parler, ses jambes sont néanmoins écartées. Cette situation comporte-t-elle un écart ? On peut raisonnablement penser que oui.

> **À noter**
>
> On peut raisonnablement en déduire que l'écartement des jambes est inversement proportionnel au confort.

Je vous livre la réflexion qu'il faudra entreprendre chaque fois que vous serez confronté à une situation nécessitant cette interrogation.

Dans quels cas écartons-nous nos jambes ? Réfléchissez avant de lire la suite. Nous écartons nos jambes pour nous immobiliser fermement dans le sol. Cette action nous permet d'augmenter notre centre de gravité. Toute personne, avant de se battre ou de fuir, écartera les jambes. C'est une réponse adaptative, transmise par nos ancêtres, que nous réalisons sans processus cognitif. Nous sommes naturellement programmés pour nous mettre dans les prédispositions assurant notre survie. Ce qui signifie que l'écartement des jambes est une action d'anticipation face au danger. À l'inverse, des jambes rapprochées ne craignent pas le danger, puisque le centre de gravité est beaucoup plus réduit. Si une personne vous pousse, vous tomberez bien plus facilement que si vos jambes étaient écartées.

Revenons à notre exemple. Sauf si c'est inscrit dans sa *baseline*, pourquoi écarte-t-il les jambes, alors qu'il semble à l'aise sur le sujet évoqué ? Il serait effectivement judicieux de creuser.

▪ Trahi par… son torse

Un ami chirurgien m'a un jour dit cette phrase : « Marwan, le torse s'étend du bas du cou au bas du ventre. Il abrite toutes les fonctions vitales : le cœur, les poumons, le foie, le pancréas, l'organe digestif et bien d'autres. Il faut protéger le torse coûte que coûte. » Depuis ce jour, cette phrase est restée gravée dans ma mémoire et m'a permis de démêler bien des situations.

Nous sommes programmés pour assurer la protection de notre torse et ceci, depuis des millénaires. Dès lors que le danger menace, nous l'inclinons légèrement ou très largement sur le côté pour nous préserver. C'est un réflexe de survie. À l'inverse, quand la situation ne présente aucun péril, nous l'exposons. Observez simplement des amoureux quand ils se dévorent du regard. Leurs torses forment une parfaite symétrie axiale.

Dans le cadre d'interrogatoires, le malaise se traduit très souvent par un détournement du torse, qu'il soit lié à l'anxiété ou au mensonge. Ce distancement corporel fait écho au distancement verbal évoqué un peu plus en amont. Posez-vous des questions si une personne, qui vous déclare être ravie de vous voir, oriente légèrement le torse sur le côté.

▪ Trahi par… ses bras

Les bras, tout comme les jambes, sont multifonctionnels. Sans eux, l'homme serait extrêmement limité dans sa gestuelle. Si nous revenons au temps des premiers hommes pour redécouvrir leurs fonctions originelles, nos bras nous servaient essentiellement à nous nourrir et nous battre. Dès lors que le torse était menacé, en plus du détournement réflexif, les bras servaient de bouclier si besoin. Cette fonction n'a pas évolué, seul le contexte a changé.

Quand la situation peut nous être préjudiciable, nous nous en détournons naturellement. Quand le détournement n'est pas possible ou que l'on souhaite renforcer notre distanciation, nous pouvons avoir recours à nos bras, comme d'un bouclier invisible. Il est coutume d'associer ces mouvements de blocage au mensonge. Encore une fois, c'est avant tout le contexte qui est déterminant. De plus, mon expérience montre que ces bloqueurs surgissent principalement en situation de stress, rarement dans le cadre du mensonge. Et dans bon nombre de cas, ils ne veulent rien dire. Ils sont idiosyncrasiques, ou servent à donner du rythme au discours. Donc, méfiez-vous des raccourcis !

- **Trahi par… son visage**

Voici un autre adage populaire : « Tout est écrit sur le visage ! » Et pourtant, les études montrent que les individus qui jugent le mensonge uniquement sur la base des indicateurs faciaux ne font pas mieux que le hasard. Le visage est la partie du corps la moins fiable. Pourquoi ? Simplement parce que, depuis notre plus jeune âge, on nous dicte et on nous apprend à contrôler notre visage. « Fais un sourire à ta grand-mère », « Arrête de faire la gueule ! », « Montre-lui que son cadeau te plaît surtout ! ». Par conséquent, nous devenons des champions de la mascarade. Notre habilité à contrôler nos muscles faciaux ne serait pas aussi développée sans cet apprentissage culturel et éducationnel.

Regardez maintenant les joueurs de poker. Conscients que leur visage pourrait les trahir, ils adoptent le *poker face*, qui consiste à ne rien laisser transparaître. Le seul problème, c'est qu'un visage dénué d'émotions masque forcément quelque chose.

Le visage est fascinant. Je ne dis pas cela parce qu'il s'agit de ma partie préférée quand je dois lire quelqu'un, mais parce que les possibilités de combinaisons sont presque illimitées. C'est la partie la plus modulable de notre corps, où se réunissent expressions, émotions, réponses physiologiques, activation musculaire, regard et langage. Quoi de mieux que de tels ingrédients pour détecter le mensonge ?

La PNL et la direction du regard

Richard Bandler et John Grinder ont entrepris de modéliser, dans les années 1970, les modes de communication des super-orateurs. Leur objectif était de créer des outils dont chacun pourrait profiter dans le cadre de ses relations interpersonnelles. Ils nommèrent cette méthode révolutionnaire la *programmation neurolinguistique*, plus connue sous le nom de PNL. Depuis, elle est utilisée par nombre de coaches en tout genre, notamment concernant le développement personnel.

Parmi la panoplie des techniques proposées, Bandler et Grinder se sont intéressés à la direction du regard et son rapport au mensonge. Ils ont ainsi conclu qu'il existait chez l'être humain six directions du regard porteuses de sens :
– en haut à droite : construction visuelle ;
– en haut à gauche : mémoire visuelle ;
– à droite : construction auditive ;
– à gauche : mémoire auditive ;
– en bas à droite : sensations ;
– en bas à gauche : discours interne.

La construction traduirait donc le mensonge, qu'elle soit auditive ou visuelle, alors que la mémoire refléterait la vérité. J'ai personnellement testé cette grille de lecture sur des centaines de sujets. Malheureusement, le niveau de fiabilité est très faible. Ce constat est également partagé par de nombreux experts sur le mensonge. Donc prudence, si vous décidez d'appliquer à la lettre cette méthode. Vous innocenterez très certainement des coupables, et vice versa.

Si je peux vous donner un conseil, observez simplement la direction du regard, dès lors que vous posez une question. Généralement, une personne porte son regard dans une direction de prédilection quand vous l'interrogez. Si une question provoque un regard dans une direction opposée, alors creusez !

Outre les manifestations de distanciation, proches de celles du torse, qui se traduisent par le détournement, le roulement des lèvres ou l'enfouissement de la tête derrière les cheveux par exemple, le visage est d'une richesse inégalée pour détecter le mensonge. Il sera abordé volontairement plus largement dans la section « Les expressions faciales : distinguer le vrai du faux ? ». Nous verrons que nous pouvons faire bien mieux que le hasard si nous savons quoi et où regarder.

- **Trahi par… ses illustrants**

Nous utilisons tous notre gestuelle pour accompagner notre discours. Il peut s'agir d'une paume tournée vers le haut en même temps que nous proposons à quelqu'un de s'asseoir, l'index levé, alors que nous réclamons de l'attention, ou un haussement d'épaules pour accompagner une réponse incertaine. Ces gestes que nous faisons, sans même nous en rendre compte, sont nommés des *illustrants*. Comme leur nom l'indique, ils permettent d'illustrer le discours.

Dans le cadre de la lecture comportementale, ces illustrants sont doublement précieux.

Quand vous établissez une *baseline*, un élément clé à considérer est la gestuelle. Vous devez être en mesure d'évaluer rapidement si la personne use de ses bras et de ses mains régulièrement et amplement, comme le font beaucoup les Italiens, ou très peu, comme les Japonais. Après avoir construit la *baseline*, ce seront les *écarts inférieurs* qu'il faudra observer, c'est-à-dire si la gestuelle tend à diminuer par rapport au comportement de base lors de

> **À noter**
>
> Dans l'analyse de la crédibilité des ultimatums et menaces, quand je forme à la négociation complexe, j'invite toujours les participants à porter un regard attentif à cette variable, notamment en projetant des vidéos tournées en caméra cachée. Dans plus de 80 % des cas, les ultimatums ou menaces feints se traduisent par une diminution marquée des illustrants.

l'exposition de sujets litigieux. Le cas échéant, il est probable que la personne ment.

Ce que nous pouvons également exploiter des illustrants réside dans la coordination entre ce que le sujet exprime et ce qu'il manifeste. Sauf pathologie ou tics comportementaux, quand vous donnez du relief à ce que vous dites, vos bras se meuvent en harmonie avec votre propos ou ce que vous ressentez. Ainsi, si vous êtes en colère, vos mouvements deviendront rapides, secs, voire même saccadés. À l'inverse, quand vous tentez de rassurer quelqu'un, vous faites usage de gestes souples et lents. Quand il existe un manque de coordination entre les deux modes expressifs, alors ce conflit peut être grandement révélateur. À titre d'exemple, lors d'une négociation, mon interlocuteur s'était mis en colère pour prendre le dessus. Ses mots étaient volontairement durs et son visage ridé d'agressivité. Le souci, c'est que sa gestuelle n'avait pas suivi. Elle était restée strictement identique à sa *baseline*. De plus, les vraies colères qu'il avait pu manifester lors de négociations précédentes s'étaient traduites par des poings serrés, des gestes brusques et des pincements de doigts. La colère était effectivement simulée.

- **Trahi par… ses emblèmes**

Les emblèmes sont des gestes que nous réalisons, et qui, de par leur signification spécifique, peuvent se substituer aux mots. Ils sont reconnus de tous au sein d'une même culture. Si je me tiens au bord d'une route, que je tends mon bras en fermant le poing et en relevant le pouce, n'importe quel automobiliste saura que je fais du stop. Personne ne s'arrêtera pour me demander pourquoi je fais ce geste. Je n'ai donc pas besoin de l'accompagner de la parole.

Les emblèmes sont modelés culturellement. Un geste issu d'une culture n'aura pas forcément la même signification dans une autre. Ainsi, le zéro, réalisé en joignant le pouce à l'index, signifie « OK » pour les Occidentaux, alors qu'il veut dire « argent » pour les Japonais. La culture doit donc toujours être intégrée avant d'analyser la portée d'un geste.

Dans quelle mesure un emblème peut-il être utile en lecture comportementale ? Pour y répondre, voici le résultat d'une expérience, des plus intéressantes, réalisée par Paul Ekman. Aux États-Unis, l'entrée en école supérieure requiert un entretien préalable entre les étudiants et leur professeur, au cours duquel ceux-ci sont tenus d'exposer leurs motivations et leurs souhaits. Ekman a demandé à un professeur complaisant de manifester du dégoût lors de chaque entretien qu'il aurait avec ses étudiants. De plus, il était tenu de formuler des commentaires désagréables ou d'interrompre les étudiants chaque fois qu'il le jugeait utile. Le but était de faire monter la colère en eux, sachant qu'ils étaient tous contraints de la réprimer, compte tenu de l'enjeu que représentait l'entretien pour eux. Lors de l'expérience, Ekman aperçut l'un des étudiants faire un doigt d'honneur au professeur. L'étudiant concerné et le professeur, tous deux surpris, nièrent en bloc ce qu'Ekman avait pu observer, pendant la phase de débriefing. La totalité de l'expérience ayant été filmée, les deux protagonistes durent reconnaître que l'étudiant avait bien fait un doigt d'honneur à son propre professeur. Qu'est-ce que nous révèle cette expérience ? Que, par moments, nos sentiments sont tellement forts qu'ils « transpirent » de notre comportement.

Il y a quelques années, j'accompagnais un membre de mon équipe en rendez-vous de négociation. Notre interlocuteur, d'une éducation rare et d'un calme toujours olympien, écoutait sans broncher les propos de mon collaborateur, le sourire aux lèvres accompagné de hochements de tête réguliers. Cependant, sous la table, je pouvais distinguer son poing droit tellement serré que les jointures de ses doigts étaient blanches. Le poing serré est un emblème reconnu de tous, car il accompagne très souvent la colère. En réalité, il masquait son énervement derrière une posture avenante.

▪ Trahi par… ses manipulatoires

Dès lors que nos mains touchent notre corps, nous pouvons parler de « manipulatoires ». Il peut s'agir de se caresser le cou, de se gratter l'avant-bras, ou encore de se curer les ongles. Les exemples sont légion. Nous avons nos propres manipulatoires inscrits dans notre *baseline* et nous en développons de nouveaux quand nous sommes sous l'effet du stress.

Contrairement aux idées reçues, les manipulatoires ne sont pas des indicateurs de tromperie fiables et ce, pour deux raisons principales. La première, c'est que les individus soumis au stress augmentent, presque sans exception, leurs manipulatoires, au même titre que des personnes particulièrement enjouées. Comparez une personne venant de gagner au loto et une personne honnête passant un interrogatoire. Vous verrez très certainement autant de manipulatoires chez l'une que chez l'autre. La seconde raison tient au fait que, tout comme pour le contact oculaire, il est très aisé d'adopter des contre-mesures pour paraître crédible. Ainsi, pour ce faire, des menteurs feront en sorte de maintenir le contact oculaire et supprimeront leurs manipulatoires. Ces contre-mesures, de par leur facilité de mise en œuvre, rendent les manipulatoires peu exploitables.

Un élément cependant intéressant à considérer est la tentative de blocage des manipulatoires. Quand les personnes sont joyeuses, leurs manipulatoires augmentent et il est rare qu'elles souhaitent les réprimer. Nous sommes rarement punis pour avoir voulu communiquer notre joie. *A contrario*, des personnes soumises au stress peuvent décider de contenir leurs manipulatoires pour paraître à l'aise. Néanmoins, cette tentative de contrôle produira très souvent des comportements rigides. Cela peut se traduire par des bras trop proches du corps, des mains trop immobiles ou adoptant une position non naturelle. Encore une fois, observez bien le comportement expressif par rapport à sa *baseline*. Ce sera votre meilleur allié !

Les expressions faciales : distinguer le vrai du faux ?

C'est dans les années 1990 que naquit mon véritable intérêt pour les expressions faciales. J'étais étudiant le jour et joueur de poker la nuit. Durant ces longues parties privées parisiennes, je tentais d'analyser le comportement de mes adversaires et d'interpréter leurs expressions faciales. Chaque fois que je me couchais (au poker), au lieu de commenter la partie ou d'aller chercher à boire, je fixais les joueurs à la recherche de manifestations universelles. Je m'efforçais surtout de savoir s'il y avait dans le bluff un comportement commun, aussi subtil soit-il, à tous les joueurs que je pouvais affronter. Mes années d'observation me permirent d'obtenir quelques réponses, mais insuffisantes pour étancher ma soif d'apprentissage. À force de persévérer dans cette voie, c'est une autre qui s'ouvrit à moi. Je remarquai alors que, dans les situations de stress important, quand le pot était composé de plusieurs centaines de francs, les joueurs qui ne supportaient pas la pression étiraient la commissure de leurs lèvres vers leurs oreilles. La bouche ne s'ouvrait pas forcément, mais les lèvres se rétractaient nécessairement. Que pouvais-je tirer de cette information ? Honnêtement, je n'en ai pas fait grand-chose, jusqu'au jour où j'ai découvert, des années plus tard, les travaux réalisés par un certain Paul Ekman et Wallace Friesen sur les expressions faciales. Leur ouvrage *Unmasking the Face*[1] me permit, au bout de quelques pages, de répondre à la question que je m'étais posée. Les joueurs manifestaient de la peur malgré eux, en étirant leurs lèvres.

---

1. Paul Ekman, Wallace Friesen, *Unmasking the Face*, Malor Books, 2003.

Donnez un **pourboire** au croupier !

Repérer les émotions exprimées par le croupier peut considérablement augmenter vos chances de gagner au black jack. Comment est-ce possible ?

Je vais vous révéler une technique que j'ai beaucoup utilisée aux États-Unis, essentiellement dans des cercles de jeux et casinos de seconde zone. Cette méthode me vient de Steve Forte, que je considère comme le plus grand expert de la triche aux jeux et, de loin, le plus grand manipulateur de cartes au monde. Dans son livre *Read the Dealer*[1], il décrit la façon dont certains croupiers au black jack livrent des informations malgré eux. Ainsi, à ce jeu, le croupier prend rapidement connaissance de sa carte cachée à l'insu des joueurs avant de leur distribuer les cartes supplémentaires qu'ils demandent. Connaître la valeur de cette carte cachée constituerait un avantage indicible pour tous les joueurs, puisqu'ils jouent tous contre le croupier.

Un moyen de le découvrir est d'impliquer le croupier émotionnellement dans la partie. Il ne faut pas se le cacher ; être croupier, c'est répétitif et assommant. Que les joueurs gagnent ou perdent, que le casino gagne ou perde, cela ne change rien pour lui. Maintenant, si vous commencez par le complimenter quand il vous bat, que vous lui donnez un pourboire, que vous lui demandez des conseils, que vous êtes bon joueur, une relation privilégiée s'établira entre vous et lui. Le fait d'être avenant et sympathique induira une réciprocité subtile. Et c'est précisément à ce moment-là qu'il est primordial de lire le croupier.

S'il est judicieux pour vous de demander une carte supplémentaire par rapport à ce que détient le croupier, il positionnera sa main de donne au niveau du paquet, comme pour vous signifier « prenez cette carte ». Dans le cas contraire, sa main se positionnera à distance du jeu, au niveau du torse.

---

1. Steve Forte, *Read the Dealer*, RGE, 1986.

Ce qui est génial, c'est que l'inverse fonctionne parfaitement. Vous pouvez décider de vous aliéner le croupier en étant mauvais joueur, en critiquant le casino ou en faisant des remarques déplaisantes. Le croupier adoptera des positions de mains contraires, pour faire en sorte que vous perdiez.

Le livre de Steve Forte est sorti en 1986 et a eu l'effet d'une véritable bombe dans le milieu. Si bien que la plupart des casinos ont décidé de changer leur mode opératoire, en n'autorisant plus le croupier à avoir accès à sa carte cachée.

Il reste encore quelques tables dans des petits casinos et cercles de jeux, tenues par de jeunes croupiers qui ignorent totalement ces techniques. Quand ils veulent vous aider malgré eux, outre la position de leurs mains, leurs visages révèlent des expressions particulièrement identifiables. À bon entendeur, salut !

▪ La genèse : de Darwin à Ekman

On ne peut s'attarder sur les expressions faciales sans évoquer les remarquables découvertes de Paul Ekman.

C'est Darwin, au XIXe siècle, qui a conjecturé le premier que les expressions faciales des émotions n'étaient pas le produit de l'acculturation mais, au contraire, de la détermination biologique. Cette thèse insinuait donc que l'activation musculaire faciale, propre aux sentiments, s'effectuait sans la nécessité d'apprendre au contact de l'autre. Autrement dit, que nos expressions faciales, pour traduire nos émotions, étaient innées.

De nombreux anthropologues s'insurgèrent contre cette approche, remettant en cause cette découverte déterminante. L'opinion publique était déroutée.

Au siècle suivant, Paul Ekman entreprit de prouver les révélations de l'homme qu'il avait toujours admiré. Il conduisit une première expérience auprès d'étudiants américains et japonais, en leur projetant des films d'horreur. Les deux cultures réagirent en activant les mêmes muscles faciaux, lors des séquences particulièrement effrayantes. Puis, il sollicita différentes nationalités (des Américains, des Brésiliens, des Chiliens, des Argentins et des Japonais), en leur demandant d'identifier les expressions faciales d'individus photographiés. Tous reconnurent les émotions exprimées au travers des expressions faciales. Pour aller encore plus loin, il rencontra les membres d'une tribu reculée de Papouasie-Nouvelle-Guinée, de tradition orale. Ils identifièrent également les émotions des individus photographiés. Ils en conclurent que certaines émotions étaient donc universelles.

▪ Les sept émotions de base

Paul Ekman a identifié sept expressions faciales d'émotion, universellement reconnues de tous : la peur, la colère, la joie, le dégoût, la surprise, le mépris et la tristesse. Quels que soient votre éducation, votre âge, votre culture, votre nationalité, votre environnement, votre genre, ou encore votre religion, vous activerez les mêmes muscles faciaux pour produire une de ces sept émotions.

En quoi l'expression faciale peut-elle trahir le mensonge ?

Avant toute chose, les expressions faciales ne sont pas des indicateurs de mensonge. Il n'existe aucune expression faciale que l'on puisse lier au mensonge et ceci, même si vous avez pu lire le contraire. Nos expressions faciales traduisent simplement notre état émotionnel, c'est-à-dire ce que nous ressentons au moment de leur expression. La pointe interne de mes sourcils remonte, ma lèvre est tremblante et mon visage semble s'affaisser ? Si vous en concluez que c'est de la tristesse, vous avez raison. Je n'ai pas besoin de verbaliser mon ressenti pour que vous soyez en mesure de déterminer mon émotion. Maintenant, si je vous dis que je suis triste, mais que mon visage ne semble pas relayer cette émotion, compte tenu d'une mauvaise activation musculaire, me croirez-vous ? J'en doute. C'est précisément ce manque de coordination entre ce que je peux exprimer

Expression neutre

verbalement et mon empreinte émotionnelle faciale qui traduit le manque de sincérité.

La fiabilité d'une émotion se reflète par une activation coordonnée et groupée des muscles faciaux concernés. Le manque de fiabilité s'exprime, *a contrario*, soit par une mauvaise activation musculaire, soit par la non-sollicitation de certains muscles. Au regard de ce constat, il est primordial de connaître l'activation musculaire de chaque expression faciale universelle pour pouvoir évaluer sa crédibilité.

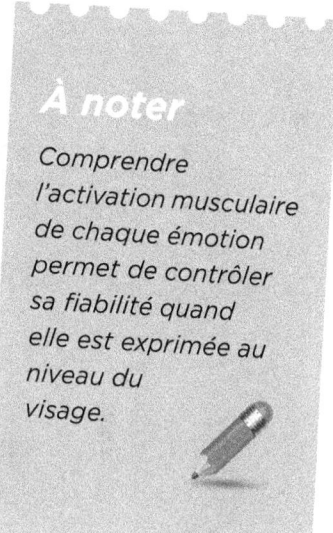

À noter
Comprendre l'activation musculaire de chaque émotion permet de contrôler sa fiabilité quand elle est exprimée au niveau du visage.

Je vous propose de couvrir l'ensemble des sept émotions à l'aide de photographies. Pour chaque émotion, vous trouverez les compléments d'information spécifiques suivants.

Expression faciale intense

Nous allons décrire, de façon exhaustive, les muscles et leur activation, qu'il convient d'observer pour attester la véracité d'une émotion. Les photos révèlent volontairement des expressions faciales correspondant à une émotion intense, pour mettre en valeur et de façon prononcée l'ensemble du groupe musculaire. Même si ces expressions faciales sont rarement complètes dans des situations à forts enjeux – nécessité de les réprimer ou de les neutraliser, de peur de trop se livrer –, il est primordial de les connaître par cœur. D'une part, cela vous permet d'identifier n'importe quelle émotion de base en moins d'une seconde. D'autre part, en connaissant la zone expressive d'une émotion, si l'expression faciale est réprimée, souvent elle est tout de même perceptible par l'activation d'un des muscles de l'émotion concernée. À titre d'exemple, la pointe interne des sourcils qui remonte, est une fuite émotionnelle propre uniquement à la tristesse. Si vous savez que la tristesse se manifeste, entre autres, par l'activation de ce muscle, en constatant une expression

Expression de tristesse

faciale contenue (uniquement la pointe interne des sourcils), vous confirmerez en un coup d'œil qu'il s'agit bien de la tristesse.

Les fuites émotionnelles

Parfois, nous exerçons un contrôle sur notre visage en vue de réprimer totalement ou partiellement une expression faciale naissante qui accompagne une émotion forte. C'est souvent le contexte qui ne permet pas à l'expression faciale de s'exprimer en totalité. Vous assistez alors à une expression faciale incomplète par rapport à ce qu'elle devrait être pour traduire l'émotion ressentie. Ainsi, vous pourrez, par exemple, observer une ou deux activations, au lieu des quatre normalement affichées s'il n'y avait pas volonté de les contenir.

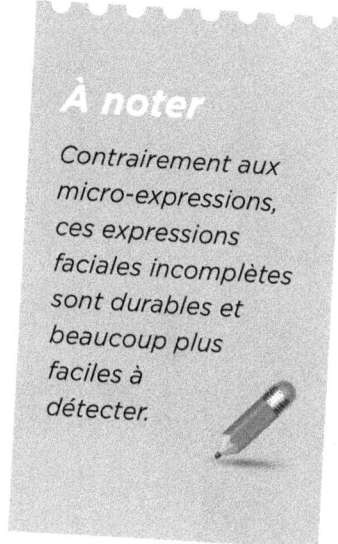

À noter

Contrairement aux micro-expressions, ces expressions faciales incomplètes sont durables et beaucoup plus faciles à détecter.

Nous allons faire état des fuites émotionnelles, c'est-à-dire les indices visibles les plus communément observés.

Les indices de tromperie

Les personnes qui cherchent à simuler certaines émotions activent de mauvais muscles faciaux, omettent de solliciter certains muscles déterminants, ou affichent simplement une désynchronisation entre ce que le corps exprime et ce que le visage reflète. En règle générale, ce sont les mêmes erreurs qui reviennent.

Nous allons recenser les zones et les muscles qu'il convient d'observer pour vérifier la véracité des émotions affichées, et nous attarder sur la notion de *timing* quand elle est particulièrement pertinente pour certaines émotions.

Expression de joie

▪ L'expression neutre

Une expression neutre est un visage dénué d'émotion. C'est la photo qui figure sur votre carte d'identité. N'hésitez pas à comparer les sept expressions faciales universelles à l'expression neutre afin d'apprécier l'activation musculaire propre à chaque émotion.

▪ L'expression de tristesse

Expression faciale intense

La tristesse s'exprime par un affaissement général du visage. Les lèvres peuvent être tremblantes, ou les commissures tirées vers le bas. Tout dépend de l'intensité de l'émotion et de la manifestation idiosyncrasique. Les narines, quant à elles, se dilatent par intermittence. En continuant de remonter sur le visage, les yeux perdent généralement le contact oculaire et tendent à fixer le sol. Les paupières supérieures tombent, ce qui a tendance à obstruer le champ de vision. La pointe interne des sourcils remonte, provoquant des rides verticales entre ces derniers et des rides horizontales au milieu du front.

Les fuites émotionnelles

Dans les situations à forts enjeux, les fuites émotionnelles sont fréquentes. Envisager les conséquences de ses actes lors d'un interrogatoire, ne pas prendre le recul nécessaire face aux insultes de la partie adverse en négociation, ou encore découvrir, lors d'un entretien, qu'un autre candidat a été sélectionné peut provoquer de la tristesse. Dans tous ces exemples, la tristesse sera dissimulée pour des raisons évidentes de crédibilité. Cependant, il n'est pas rare d'observer des fuites émotionnelles. La première, communément observée, se situe au niveau de la bouche. Les commissures des lèvres pointent alors légèrement plus bas que la *baseline*, comme si elles épousaient un subtil arc de cercle. Également, il est nécessaire de regarder les sourcils, de précieux indicateurs. Très peu de personnes sont capables de remonter la

Expression de colère

pointe interne de leurs sourcils volontairement. Ce qui signifie que ce muscle est fiable, puisque difficilement simulable. Dès lors que les pointes internes des sourcils remontent, interrogez-vous sur la raison d'une telle émotion par rapport au contexte. Et, enfin, une augmentation de la fréquence de déglutition, associée à une dilatation des narines plus régulière, peut traduire une tristesse réprimée.

Les indices de tromperie

Les individus, en recherche active de compassion dans le but d'adoucir un jugement ou d'attirer les regards, peuvent avoir recours à la tristesse simulée. C'est solliciter le cœur, au lieu de la raison. Les muscles buccaux étant les plus simples à activer (testez vous-même), ce seront les premiers qui se mettront en route. Généralement, la lèvre inférieure tentera de s'archer, sous la pression musculaire. Habituellement cette pression est trop marquée, ce qui déforme la lèvre de façon exagérée.

La tristesse véritable se traduit par la production de rides horizontales au milieu du front. En cas de tristesse feinte, les rides sont très souvent absentes, le front ne présentant aucune différence par rapport à un visage sans émotion.

> **À noter**
> Attention à certains sujets dont le front ne se marque pas de rides, même sous l'effet intense de la tristesse. Cela correspond simplement à leur morphologie.

Un dernier indice : observez les pointes internes des sourcils. Si elles ne se relèvent pas quand la personne manifeste de la tristesse, il est très probable que l'émotion est fausse.

- **L'expression de joie**

Expression faciale intense

La joie est une émotion liée au plaisir. Contrairement à certaines idées reçues, elle ne se manifeste pas uniquement par l'activation

Expression de surprise

du muscle buccal, le zygomatique majeur, qui provoque le sourire en remontant les commissures des lèvres et les pommettes. Il est également nécessaire d'activer le muscle oculaire, l'orbiculaire de l'œil, qui plisse les yeux et génère des pattes-d'oie aux coins des yeux.

C'est précisément la contraction simultanée de ces deux muscles qui révèle un véritable sourire. Le premier à l'avoir identifié est le neurologue français Guillaume-Benjamin Duchenne, plus connu sous le nom de Duchenne de Boulogne, *via* des expérimentations électriques réalisées sur le visage d'un sujet paralysé. Le véritable sourire est ainsi nommé « sourire de Duchenne » en son honneur.

Les fuites émotionnelles

La joie est l'expression faciale la plus aisée à reconnaître. En effet, le haussement des commissures des lèvres est mondialement associé à une émotion positive. L'identification est tellement forte que le sourire entraîne la contagion, provoquant des sourires en retour, sauf si le sujet est aliéné.

> **À noter**
>
> Certains faux sourires peuvent tout de même provoquer des pattes d'oie aux coins des yeux, quand ils sont fortement prononcés. Ce qui permet de les distinguer des vrais sourires, c'est l'affaissement des sourcils. Dans les véritables sourires, les sourcils s'abaissent pour accompagner le plissement des paupières. Ce n'est pas le cas dans les faux sourires marqués.

La fuite émotionnelle la plus courante se manifeste par une légère remontée des commissures. Dans la plupart des cas, les dents ne sont pas exposées, la personne tâchant de réduire son empreinte faciale. Ce n'est pas pour autant que la bouche reste fermée. Elle peut très bien être ouverte légèrement. C'est l'idiosyncrasie qui est déterminante dans ce cas. Certains individus ont une propension plus importante à garder la bouche ouverte que d'autres.

Expression de peur

Les indices de tromperie

Quand le sourire est marqué, sans que la zone oculaire soit activée, le sourire est faux. Ce sont les plissements au niveau des yeux qui déterminent la fiabilité d'un sourire. Le faux sourire est l'expression faciale la plus communément utilisée pour masquer certaines émotions ou faire passer des messages spécifiques. C'est sa simplicité d'activation, le zygomatique majeur uniquement, qui fait de lui un outil à la portée de tous. Comme le sourire est universellement associé à une émotion positive et, qui plus est, provoque en retour l'empathie, il est largement employé par les arnaqueurs et prédateurs en tout genre, pour mettre de l'huile dans les rouages des relations sociales.

Et, enfin, observez le *timing*. Un sourire qui apparaît aussi vite qu'il disparaît est un faux sourire. C'est le fameux « sourire commercial ». Comme toute véritable émotion, le sourire se forme et se ferme en douceur.

▪ L'expression de colère

Expression faciale intense

La colère est une émotion négative. Elle se manifeste par l'abaissement des sourcils, qui se rejoignent au niveau de la naissance du nez. Ceci provoque des rides verticales entre les sourcils et réduit le champ de vision. Le regard est fixe et figé. Au niveau de la bouche, la colère peut se traduire de deux façons différentes. Soit les lèvres se pressent l'une contre l'autre, ce qui les enroule pour les faire légèrement disparaître ; soit elles s'ouvrent violemment, en s'étirant verticalement de façon diamétralement

> **À noter**
>
> Attention cependant à ne pas confondre cette activation subtile des sourcils avec de la détermination ou de l'interrogation, lesquelles se traduisent exactement de la même manière. Il sera alors nécessaire de considérer le contexte et le cœur de la discussion pour comprendre la raison de ce froncement de sourcils.

Expression de mépris

opposée, provoquant un carré grossier et laissant apparaître les dents.

Les fuites émotionnelles

Il est nécessaire d'observer en priorité les lèvres pour démasquer une colère réprimée. Bon nombre de personnes sont capables de contrôler l'ensemble de leur visage, surtout quand elles ne sont pas amenées à parler. C'est le fameux *poker face*. Cependant, quand les gens sont en colère et qu'ils doivent s'exprimer sans pour autant la montrer, les lèvres tendent à se rétrécir et à se replier sur elles-mêmes. Cette action étant difficilement simulable, l'indice de fuite émotionnelle est par conséquent considéré comme fiable.

Également, dans une moindre mesure, l'abaissement involontaire des sourcils peut traduire la colère. Celle-ci cherchant à être réprimée par le sujet, ce mouvement sera discret et de faible intensité.

Les indices de tromperie

Il existe deux indices de tromperie majeurs. Le premier émane d'une contraction musculaire exagérée et trop rapide. En effet, le sujet souhaitant exposer aux yeux de tous sa colère peut choisir d'abaisser fortement ses sourcils et de presser tout aussi fortement ses lèvres l'une contre l'autre. Au-delà de la tonicité musculaire importante, c'est la soudaineté qui révèle la tromperie. Au même titre que le véritable sourire, la colère prend naissance doucement pour s'estomper lentement.

Le second indice de tromperie est lié au verbal. Quand vous vous mettez en colère et que vous la laissez s'exprimer verbalement, l'expression faciale se dessine avant le flot de paroles. Mécaniquement, l'émotion vous submerge, elle « transpire », entre autres, sur votre visage, puis vous la verbalisez pour vous soulager. Dans le cas d'une colère feinte, l'expression faciale se forme après les premiers mots sortis de la bouche. J'observe

Expression de dégoût

fréquemment cette disharmonie en négociations sensibles, où la partie adverse simule la colère pour prendre l'ascendant. En interrogatoires, je l'ai également souvent observée auprès de sujets qui usaient de la fausse colère pour générer le doute et s'acheter de la crédibilité.

- **L'expression de surprise**

Expression faciale intense

La surprise se manifeste par le haussement involontaire des sourcils, qui adoptent individuellement la forme d'une arche. La zone du front se rétrécit. Des rides horizontales courent sur toute la zone frontale. Les yeux sont grands ouverts sous la pression musculaire de la paupière supérieure qui s'étire vers le haut, et de la paupière inférieure qui s'étire vers le bas. Ceci permet de rendre la sclère encore plus visible. Dans certains cas, elle est observable au-dessus et en dessous de l'iris. La bouche s'ouvre, sans aucune pression musculaire. Elle est bée.

Les fuites émotionnelles

Il existe deux fuites émotionnelles majeures, permettant de révéler une surprise contenue ou masquée. La première se produit généralement au niveau de la bouche. Pour réprimer une surprise, il est aisé d'exercer un contrôle total au niveau de la partie supérieure du visage. Certes, le visage pourra paraître figé, mais, en tout cas, la surprise ne sera pas visible. C'est l'abaissement discret et lent de la lèvre inférieure, ouvrant légèrement la bouche, qui peut trahir la surprise ressentie. Le mouvement est subtil, mais suffisamment significatif pour provoquer une bouche bée.

> **À noter**
>
> Attention néanmoins à certains sujets atteints de cataplexie, dont le visage peut se figer longuement sur une expression de surprise. Cela reste relativement rare, fort heureusement.

La seconde fuite se trouve au niveau des yeux. En tentant de dompter la surprise, et ainsi de ne rien laisser paraître, surtout au niveau des sourcils et de la bouche, éléments significatifs de la surprise, les yeux peuvent se « gonfler », sous l'étirement opposé des paupières. Ainsi, la sclère se fait plus visible et le champ de vision est élargi. Ici encore, le mouvement est léger, mais il peut trahir une surprise volontairement contenue.

Les indices de tromperie

La surprise est facilement simulable. Faites l'exercice vous-même. Activer les muscles relatifs à la surprise ne requiert aucun apprentissage. Cependant, tout comme pour le faux bâillement, la durée est déterminante. La surprise est une émotion brève, liée à la soudaineté des informations reçues. Ainsi, une empreinte faciale durable de surprise est très probablement feinte.

Je constate également, régulièrement, dans le cadre des surprises simulées, une activation musculaire buccale. Contrairement à la peur, la surprise ne sollicite pas les muscles liés à la bouche. Ainsi, certains individus forcent l'ouverture de leur bouche, en actionnant la mâchoire inférieure, pour paraître surpris.

- **L'expression de peur**

Expression faciale intense

La peur se traduit par le haussement involontaire des sourcils qui se rejoignent. Des rides apparaissent sur le front. La paupière inférieure est tendue, alors que la paupière supérieure est relevée, exposant la sclère au-dessus de l'iris. Les yeux sont ainsi écarquillés et figés. La bouche est ouverte, et les commissures des lèvres sont tirées latéralement vers les oreilles.

Les fuites émotionnelles

Les fuites émotionnelles liées à la peur apparaissent très souvent au niveau des lèvres et de la zone oculaire. La peur cherchant à être contenue, le visage tend à être tendu et figé. La bouche cependant, même fermée, peut s'étirer vers l'arrière, latéralement ou vers le bas. Les lèvres ont ainsi une forme un peu plus épatée, voire sont déformées.

Il est également nécessaire d'observer les yeux. Si les sourcils peuvent être facilement contenus pour réprimer la peur, la paupière supérieure peut se relever, alors que la paupière inférieure se tend. Ce mouvement est généralement accompagné d'un regard fixe et d'une diminution de la fréquence du clignement des yeux.

Les indices de tromperie

Afin de simuler la peur, les individus activent généralement les muscles buccaux pour étirer les lèvres vers l'arrière, et les muscles oculaires pour remonter les sourcils. Cette opération est à la portée de n'importe quel être. Cependant, dans de nombreux cas, les individus oublient de produire des rides horizontales sur le front. Par conséquent, le front est vierge, comme dans le cas d'une expression neutre. Paradoxalement, certains sont conscients de la nécessité de « manufacturer » des rides frontales, mais sont incapables de le faire délibérément. Ce manquement ou cette défaillance peut être un précieux indicateur de fiabilité.

> **À noter**
>
> Attention cependant aux individus qui, compte tenu de leur morphologie, ne produisent jamais de rides horizontales, même quand ils sont réellement sous l'emprise de la peur. Cela fait simplement partie de leur répertoire idiosyncrasique.

Au même titre que la surprise, il est courant de voir des peurs feintes se manifester par une accentuation démesurée des muscles faciaux, notamment l'étirement excessif des lèvres. Regardez simplement des films de série B interprétés par des acteurs médiocres. L'expression faciale est très souvent disproportionnée par rapport au caractère de l'événement déclencheur.

▪ L'expression de mépris

Expression faciale intense

Le mépris est la seule expression faciale universelle unilatérale. C'est également très certainement l'expression faciale la plus facile à reconnaître, dès lors que l'on a intégré les manifestations singulières de chaque émotion. Le mépris se traduit par le relèvement d'une des deux commissures des lèvres, ce qui produit un demi-sourire en coin. Le reste du visage reste inerte, ou il est possible d'assister à un léger plissement des yeux.

Les fuites émotionnelles

Le mépris accompagne très souvent la fierté, la vanité ou l'arrogance. Toutes ces expressions reflètent la supériorité ou la prise de hauteur recherchée. Le sujet s'évertue avant tout à s'élever au-dessus de l'autre. C'est la tête qui est très fréquemment sollicitée, par l'action du relèvement du menton, pour afficher la condescendance. Ce mouvement peut être volontaire ou involontaire. Quelle que soit son origine, le haussement de la tête, aussi subtil soit-il, est un précieux indicateur de mépris, s'il est interprété dans un contexte significatif. Bien entendu, un individu qui lève la tête pour regarder vers le ciel ou réfléchir n'a rien à voir avec le mépris. Encore une fois, le contexte social doit être considéré en premier lieu.

Une seconde fuite émotionnelle peut se traduire par la rapidité d'apparition et de disparition du relèvement de la commissure. C'est ce que l'on appelle une micro-expression. Le muscle est activé en une fraction de seconde, puis se remet en place aussitôt. Sachant que cette expression faciale ne sollicite qu'un seul muscle, il est très facile de réprimer l'émotion quand elle surgit. Cependant, elle laisse toujours une empreinte faciale rapide, tel un flash, qu'il convient de capturer.

Les indices de tromperie

Comme vous vous en doutez, le mépris est l'expression faciale la plus simple à simuler. Dès son plus jeune âge, un enfant qui comprend vos propos peut remonter l'une des commissures de ses lèvres. Par conséquent, il est impossible de distinguer, du point de vue facial, le mépris véritable du mépris feint. Si le visage ne peut être fiable, il est toujours nécessaire de considérer l'émotion par rapport au contexte ou au discours. Lors d'une audition à laquelle j'assistais dans le cadre d'une fraude financière, le suspect affichait de la peur, perceptible dans sa diction et sur son visage. Cependant, par moments, dans l'objectif de reprendre la main et de montrer qu'il était insensible aux conséquences de ses actes, il adoptait des expressions de mépris. Dans son cas, le mépris était utilisé comme expression faciale de substitution pour masquer la peur. Son activation musculaire était parfaite mais, du fait d'être hors contexte, elle était tout simplement simulée.

- **L'expression de dégoût**

Expression faciale intense

Le dégoût se traduit par le relèvement de la lèvre supérieure et des ailes du nez. Ce dernier est retroussé, ce qui laisse apparaître des rides sur toute sa longueur. Les sourcils s'abaissent simultanément, contribuant à plisser les yeux et à réduire le champ visuel. La bouche peut être ouverte, ou les lèvres simplement restées collées. Dans les deux cas, c'est le muscle releveur de la lèvre supérieure qui remontera l'ensemble de la partie buccale.

Les fuites émotionnelles

La fuite émotionnelle la plus couramment observée se situe au niveau de la zone buccale. La lèvre supérieure remonte involontairement, élargissant les ailes du nez. Nombre de personnes utilisent la parole pour masquer le dégoût. Conscientes que le visage active des muscles faciaux insignifiants pour ponctuer le discours et lui donner du relief, elles « noient » leur dégoût dans le flot musculaire et verbal. Cependant, sauf si cela fait partie de leur idiosyncrasie, personne ne remonte sa lèvre supérieure pour illustrer son discours. C'est une fuite émotionnelle du dégoût. Observez simplement une personne qui refuse les avances d'une autre poliment. Si le visage peut marquer des sourires feints pour adoucir le message, vous verrez très certainement aussi des signes de dégoût.

Il est également nécessaire d'observer la zone oculaire, notamment quand le sujet n'est pas amené à parler. Les sourcils s'abaissent légèrement, alors que les pommettes remontent. Les yeux sont, du coup, faiblement plissés. Dans de nombreux cas, la main est portée au niveau de la bouche, pour dissimuler la distorsion de la lèvre.

> **À noter**
>
> Attention cependant aux émotions mixtes (tristesse et dégoût dans ce cas précis), qui peuvent cohabiter dans un contexte où le sujet est à la fois triste et dégoûté.

Les indices de tromperie

Le dégoût est aisément simulable. Tout le monde associe un pont nasal déformé et des rides sur le nez à du dégoût. C'est un emblème, comme nous avons pu le voir précédemment. Quand le dégoût est simulé, certaines personnes peuvent forcer l'action musculaire de la partie inférieure du visage, mais cependant en oubliant d'abaisser les sourcils. La bouche et le nez sont ainsi déformés, sans pourtant que la zone oculaire soit affectée.

Le dégoût peut également être utilisé pour masquer une émotion négative, telle que la colère ou la peur. Ce seront alors les empreintes faciales des émotions dissimulées qui révèleront le dégoût simulé. Ainsi, par exemple, il conviendra de s'interroger en observant la pointe interne des sourcils relevée (tristesse) associée à des lèvres rehaussées qui distordent le pont nasal. Il est très peu probable que cela soit du dégoût.

Les micro-expressions : révélatrices de l'état émotionnel

Une micro-expression est l'expression brève et involontaire d'une émotion. Ces micro-expressions résultent d'émotions fortes que le sujet essaie de dissimuler ou de neutraliser. Quand la tentative échoue, une subtile empreinte apparaît sur le visage pour disparaître tout aussi rapidement. Une micro-expression dure entre 1/15e et 1/25e de seconde.

Les premiers à avoir prononcé le terme de « *micro-momentary expressions* » furent Haggard et Issacs, lors de l'analyse d'enregistrements de sessions psychothérapeutiques à la recherche d'indicateurs non verbaux entre thérapeutes et patients. Paul Ekman et Wallace Friesen ont repris le flambeau, en y apportant une approche scientifique et structurée. Par la suite, la série télévisée *Lie to Me* a fait la part belle aux micro-expressions.

Tout comme les expressions faciales, les micro-expressions ne révèlent pas la tromperie. Elles font cependant part de l'état émotionnel de la personne. L'émotion, isolément, apporte peu dans le cadre de la détection du mensonge. Toutefois, s'il existe un écart entre ce que peut exprimer une personne et ce que révèlent ses micro-expressions, alors ces dernières deviennent de véritables indicateurs de mensonge. Un individu manifestant de l'excitation apparente à l'idée de faire du saut en parachute, mais qui se trahit par des micro-expressions de peur chaque fois qu'il en parle, sera peu crédible face à des personnes capables de repérer ces micro-expressions. Néanmoins, dans près de 99 % des cas, la performance de cette personne sera jugée crédible, tout simplement parce que nous sommes peu ou pas formés pour les détecter.

Il existe deux prérequis chronologiques à l'apprentissage des micro-expressions. D'une part, il est nécessaire de connaître la manifestation musculaire de chaque expression faciale d'émotion, et, d'autre part, d'apprendre à les détecter.

J'ai volontairement abordé les expressions faciales universelles des émotions avant de plonger dans les micro-expressions. Ceci afin de se familiariser avec l'expressivité musculaire de chaque émotion. Il est primordial de connaître parfaitement la manifestation d'une émotion sur un visage pour pouvoir ensuite interpréter ce que l'on perçoit en l'espace d'une fraction de seconde. Si, par exemple, vous détectez des lèvres qui se pincent subrepticement, mais que vous n'êtes pas capable d'en conclure qu'il s'agit très probablement de la colère, alors votre compétence visuelle sera réduite à néant. Donc, encore une fois, apprenez par cœur les expressions faciales des émotions.

Une fois cette phase appropriée, il faut simplement aguerrir l'œil, c'est-à-dire le former à repérer ces micro-expressions qui nous passent sous le nez la plupart du temps. J'appelle ce phénomène d'apprentissage le « calibrage oculaire ». Bien évidemment, l'expérience est le meilleur moteur pour progresser. Et l'expérience s'acquiert dans des situations à forts enjeux. Plus les enjeux sont importants, plus le visage sera enclin à produire des micro-expressions. Il existe également des outils spécifiques, dont je parlerai plus en détail dans le dernier chapitre, notamment ceux développés par Paul Ekman et présentés sur son site www.paulekman.com. À force de solliciter l'œil, il gagne en confiance et en précision, ce qui nécessite par la suite moins de concentration pour détecter les micro-expressions.

Observer la bouche
pour éviter de confondre certaines expressions

Au cours de mes séminaires, j'ai fait le constat qu'au moins 40 % des participants tendent à confondre certaines expressions faciales. Étrangement, ce sont toujours les trois mêmes groupes d'émotions qui prêtent à confusion.

Je me suis donc autorisé ce petit encart afin de mettre en exergue les différences majeures qu'il convient d'observer pour éviter tout écueil.

La colère et le dégoût

Ces deux émotions sont dites « négatives » puisqu'elles traduisent des sentiments liés au déplaisir. Elles se manifestent respectivement par l'affaissement des sourcils, l'élément majeur provoquant la confusion. Si la zone oculaire est, en réalité, sollicitée différemment pour ces deux expressions (voir le détail des expressions faciales), il est surtout recommandé d'observer la bouche pour distinguer la colère du dégoût. Dans la colère, la lèvre supérieure ne remonte pas, le pont nasal n'est pas déformé et il n'y a pas de rides sur le nez, contrairement au dégoût. La bouche est donc le premier indicateur de différenciation.

La peur et la surprise

Si ces deux émotions sont distinctes, les individus tendent à les confondre parce qu'il n'est pas rare de les voir apparaître simultanément. Quand nous sommes apeurés, nous pouvons également montrer de la surprise, si nous sommes pris en défaut. C'est à la fois le haussement involontaire des sourcils et l'ouverture de la bouche qui peuvent être trompeurs. Dans le cas de la peur, il y a une activation musculaire au niveau de la bouche, que l'on ne retrouve pas en situation de surprise. Et la surprise se manifeste par le haussement des sourcils en forme d'arche, alors qu'en situation de peur, les sourcils sont relevés également, mais se rejoignent. Tout comme le binôme colère/dégoût, la bouche se révèle être le meilleur indicateur de différenciation.

Le mépris et le dégoût

Contrairement aux deux binômes présentés ci-avant, la confusion provient avant tout de la définition des émotions, et non pas de leur manifestation. Étrangement, certaines personnes confondent dégoût et mépris, associant des visages hautains à du dégoût, et des visages écœurés à du mépris. Le mépris est synonyme de dédain ou de condescendance. Le sujet affiche sa supériorité par le relèvement d'une commissure des lèvres. Le dégoût, quant à lui, signifie l'écœurement ou la répugnance. Il se manifeste par la contraction simultanée du muscle releveur de la lèvre supérieure et du muscle releveur des ailes du nez, ce qui déforme le nez et produit des rides nasales. Ici encore, il est nécessaire d'observer la bouche pour éviter toute confusion.

Quand les réponses physiologiques submergent le menteur

Pendant des siècles, et aujourd'hui encore, l'homme a toujours pensé que le corps ne pouvait mentir. Ainsi, au temps des premières civilisations chinoises et hindoues, il était coutumier de demander aux suspects de mâcher un grain de riz et de le cracher. En Inde, un grain de riz sec était synonyme de mensonge et un grain de riz coincé dans la gorge signifiait la culpabilité. Si ces méthodes étaient primitives, elles montraient cependant à quel point les réponses physiologiques étaient associées au mensonge.

Ces deux cas historiques reposent sur le fait que le mensonge est lié au stress. Une des manifestations de l'anxiété étant la bouche sèche, si le grain de riz ne présentait pas d'humidité, alors le sujet était jugé coupable. Comme nous l'avons vu plus tôt, ces raccourcis sont à la fois aléatoires et dangereux.

Les réponses physiologiques, au même titre que les expressions faciales, traduisent un état émotionnel particulier. Par conséquent, et encore une fois, c'est l'écart entre ce que peut exprimer un individu et sa manifestation physiologique qui pourra le trahir. Si quelqu'un vous certifie qu'il a peur, alors que son visage rougit, il sera très peu crédible, la peur se manifestant par un blêmissement, et non un rougissement.

Nictation, bâillement et déglutition

Pourquoi aborder ces trois manifestations du visage ? Tout simplement parce qu'elles trahissent aisément l'anxiété, même quand une personne tente de la masquer.

La nictation

La nictation, ou clignement des yeux, est un acte réflexe régulier. Si un nouveau-né cligne des yeux 1 ou 2 fois par minute, un adulte le fait en moyenne toutes les 5 secondes.

Les paupières, en se fermant rapidement, libèrent des larmes sur la cornée, qui contribuent à l'hydrater. La nictation réagit en fonction de votre activité. Au calme, la fréquence de vos clignements se ralentira. *A contrario*, en période de stress, ils seront plus nombreux.

Sachez également que le contexte peut altérer la fréquence. Ainsi, la chaleur, le travail sur écran, le chlore, la luminosité, les allergies ou un insecte dans les yeux peuvent dérégler le fonctionnement régulier.

Le bâillement

Le bâillement s'exerce par la contraction des muscles du visage et du diaphragme, entraînant une inspiration profonde, suivie d'une courte expiration. Les études montrent que nous bâillons 5 à 10 fois par jour, avec une fréquence accrue au réveil et au coucher. Le bâillement est une action déclenchée par le corps, mais, contrairement à la nictation, nous sommes conscients et alertes de la naissance d'un bâillement.

Certains individus, soumis au stress, provoquent de faux bâillements pour simuler le confort et le bien-être, comme nous ne bâillons qu'en situation de sécurité et que cet acte est reconnu comme tel. Trois éléments permettent cependant de mettre en évidence un faux bâillement :

– les yeux sont rarement fermés. Un véritable bâillement provoque à la fois le plissement et la fermeture des yeux ;
– la durée totale du bâillement est plus courte. Un véritable bâillement dure au moins six secondes. Un faux bâillement dépasse rarement cinq secondes ;
– il n'y a pas de point paroxystique. Un véritable bâillement s'accompagne toujours d'un point paroxystique, au cours duquel la bouche sera, pour une durée assez courte, ouverte au maximum pour chercher à inhaler encore plus d'air. Cette action relève également les épaules. Dans un faux bâillement, ce point paroxystique n'existe pas.

La déglutition

La déglutition à vide, c'est-à-dire qui ne fait pas suite à la mastication, s'effectue automatiquement une fois par minute chez l'adulte. Elle permet, entre autres,

> l'humidification des muqueuses buccales et pharyngiennes. En cas de stress, notre besoin en oxygène augmente, ce qui nécessite d'accroître notre rythme respiratoire. Cette action provoque alors un assèchement de la bouche, qui nous pousse à déglutir plus fréquemment.
>
> Se passer la langue sur les lèvres, demander de l'eau ou avaler plus souvent sa salive sont donc des indicateurs de stress.

Je vous propose de parcourir les principales manifestations physiologiques. Une fois que vous les aurez apprises, vous pourrez non seulement évaluer la crédibilité d'une information transmise, mais également détecter des émotions cachées.

▪ Démasqué par... son blêmissement

Le blêmissement est une réaction physiologique due à la *peur*.

À noter

Une erreur fréquemment constatée est de n'associer le blêmissement facial qu'à la peur, et de tirer ainsi des conclusions hâtives.

L'activité du système nerveux sympathique provoque une accélération du rythme cardiaque et une augmentation des battements du cœur. Ces changements préparent l'organisme à agir. Le sang est alors détourné des parties du corps où sa présence est moins importante. Il est chassé des extrémités pour se diriger vers les grands muscles, tels que les cuisses ou les biceps, préparant l'organisme à l'action. Le visage devient pâle, au même titre que les mains ou les pieds.

Si le blêmissement peut traduire la peur, il peut également traduire la *colère*.

▪ Démasqué par... son rougissement

Le rougissement facial est la réaction physiologique la plus simple à interpréter, puisqu'elle est reconnue par la plupart des personnes interrogées, dont les enfants. Une personne qui rougit peut traduire de la gêne, de la honte, de la culpabilité ou encore de la colère. Ces causes émotionnelles pouvant être diamétralement opposées, il est nécessaire de les considérer dans un contexte social approprié, de peur de confondre la honte et la colère, par exemple. La colère se manifeste par une augmentation du rythme cardiaque et une sécrétion massive d'adrénaline qui procure au corps l'énergie nécessaire avant le passage à l'action.

- **Démasqué par… la température de son épiderme**

Quand vous avez peur, votre sang est chassé de la surface de la peau pour affluer vers les grands muscles. Le sang constituant la principale source de chaleur de l'épiderme, une fois qu'il a été drainé, la surface de la peau blanchit et devient plus froide.

À l'inverse, dans le cas de la colère, le sang afflue vers les poings, notamment en vue de la préparation au combat. L'épiderme rougit alors pour devenir plus chaud.

- **Démasqué par… la dilatation et la contraction de ses pupilles**

La pupille se dilate et se contracte au gré de la lumière, tel le diaphragme d'un appareil photo. La température extérieure peut également influer dans ce sens.

Certaines études montrent que les pupilles se dilatent davantage et plus fréquemment quand les gens mentent. Personnellement, je n'ai jamais constaté un tel phénomène.

La dilatation de la pupille traduit avant tout l'excitation, donc généralement des émotions positives. Si une chose vous stimule, votre pupille se dilatera très certainement. Ainsi, observer votre homme politique préféré, ouvrir un cadeau tant attendu, contempler une personne magnifique de sexe opposé dilatera sûrement vos pupilles. Mais la dilatation peut également se produire dans des cas de colère, de peur. Donc, encore une fois, il est nécessaire de contextualiser les réactions.

Une pupille dilatée peut atteindre trois fois sa taille normale. Elle est visible jusqu'à 1,50 mètre sur un sujet aux yeux foncés et jusqu'à 2,50 mètres sur un sujet aux yeux clairs. En négociation, je fais toujours en sorte d'établir ma proxémie en fonction de deux critères : la distance imposée par mon interlocuteur, et la distance que je cherche à établir entre mes yeux et ses yeux. Si la distance imposée est plus longue que celle entre nos yeux, j'essaie de la *forcer* pour, de nouveau, entrer dans un rayon propice.

La contraction de la pupille intervient davantage dans le cas d'émotions négatives, notamment le dégoût. Cependant, il est également possible d'observer la pupille se dilater pour des émotions de peur ou de colère. J'ai tout de même pu remarquer, dans le cas d'émotions négatives, d'abord une dilatation brève, puis une contraction plus longue. Je pense que la pupille est, dans un premier temps, excitée par l'aversion ou le déplaisir de la situation, et, une fois l'information traitée et intégrée par le cerveau, c'est-à-dire la prise de conscience du caractère négatif ou nuisible, la pupille se contracte en réaction de défense. Mes recherches sont toutefois, à ce jour, insuffisantes pour tirer une conclusion intangible.

- **Démasqué par… la dilatation de ses narines**

La tristesse ou la colère s'accompagnent régulièrement de la dilatation des narines. La fiabilité de cet indicateur reste liée à la capacité de la personne à gonfler délibérément ses narines. Certains, en quête de crédibilité, peuvent en jouer pour feindre une émotion, notamment la tristesse. *A contrario*, ceux qui ne savent pas activer volontairement ce muscle facial trahissent leurs émotions.

Le passage à l'action se traduit également par une oxygénation plus importante, dilatant, par voie de conséquence, les narines.

La proxémie en action

La proxémie est la distance physique qui sépare deux individus. C'est Edward Hall qui, à travers ses recherches, a observé que la proxémie différait selon les cultures. Dans les pays latins où le contact physique est fortement marqué, les distances entre les personnes sont plus courtes que dans les pays nordiques ou au Japon.

Hall a établi une territorialité basée sur la combinaison de deux facteurs : la faculté perceptive et la dimension socioculturelle de l'individu. Ainsi, nos interactions sont régies par des bulles ou sphères invisibles, reconnues de tous. Elles sont au nombre de quatre :

- la sphère intime : moins de 45 cm. Elle définit les relations sexuelles, intimes, familiales ou amoureuses ;
- la sphère personnelle : entre 45 cm et 125 cm. Elle définit la confidence, les discussions personnelles et amicales ;
- la sphère sociale : entre 125 cm et 360 cm. Elle définit les relations interpersonnelles, sociales et formalisées dans le cadre du travail ;
- la sphère publique : supérieure à 360 cm. La distance est oratoire.

Cette hiérarchisation territoriale doit, bien évidemment, être relativisée par la spécificité du contexte. Prendre l'ascenseur avec des étrangers, par exemple, ne peut être considéré comme relevant de la sphère intime. La promiscuité émane de la cabine d'ascenseur, non de la volonté des individus de se rapprocher.

Dans le cadre de la lecture comportementale, il est primordial de définir la proxémie d'une personne lors de la détermination de sa *baseline*. Certains individus ont une proxémie très courte, comparable à la sphère intime moyenne, quand ils ont des conversations avec d'illustres inconnus. Cela fait partie de leur mode de fonctionnement. Maintenant, si certains sujets provoquent un rétrécissement de la distance, il conviendra de s'interroger sur les raisons de ce « rapprochement ». La réciprocité s'applique également. Il n'est pas rare d'observer des individus qui recherchent la crédibilité, réduire volontairement la proxémie. La proximité étant associée à la confiance, ils espèrent ainsi paraître plus honnêtes qu'ils ne le sont.

L'ASSISTANCE TECHNIQUE EST-ELLE FIABLE ?

Toutes les méthodes évoquées dans ce chapitre reposent sur la faculté humaine à détecter des indices ou des signaux pouvant trahir le mensonge.

Je ne pourrai clôturer ce chapitre sans aborder les outils techniques, développés par l'homme dans sa quête sans relâche de vérité. Si le cinéma a fait la part belle à certains d'entre eux, d'autres, tout aussi ingénieux, sont restés dans l'ombre de leurs créateurs.

Le polygraphe ou « détecteur de mensonges »

Le polygraphe a été inventé par William Moulton Marston, un psychologue et écrivain américain. Cet illustre monsieur n'est autre que le créateur de Wonder Woman, la femme aux super-pouvoirs. On comprend maintenant aisément pourquoi il avait doté son héroïne d'un lasso de vérité !

Moulton débuta en utilisant le sphygmomanomètre, appareil médical pour mesurer la pression artérielle, pendant la Première Guerre mondiale dans des cas d'espionnage. Il rapporta alors 96 % de justesse dans la détection du mensonge, simplement grâce au suivi du pouls. Plus tard, il ajouta l'enregistrement de la transpiration pour améliorer la précision de ces analyses.

Aujourd'hui, le polygraphe que nous connaissons, et tel qu'il est employé dans les pays où son usage est autorisé – à savoir dans le cadre d'investigations criminelles en Belgique, au Canada, en Israël, au Japon, en Turquie, à Singapour, en Corée du Sud, au Mexique, au Pakistan, aux Philippines, à Taïwan, en Thaïlande et aux États-Unis –, comprend deux électrodes en métal, placées sur deux doigts, pour mesurer la transpiration, une strap autour des biceps pour mesurer la tension, et des lacets pneumatiques autour du torse et de l'estomac pour mesurer les changements de respiration.

Par conséquent, quelle est la précision d'un polygraphe ? Les études montrent un niveau de fiabilité compris entre 70 et 80 %. Ce qui veut dire que 20 à 30 % des sujets interrogés seraient accusés à tort si les interrogateurs ne se fiaient qu'au polygraphe. Ça fait peur, non ? Cela montre également que les scores de performance rapportés par Moulton étaient très probablement faux ou gonflés artificiellement. Dans bon nombre de cas, surtout dans les années 1940, les suspects pouvaient être condamnés sans véritables preuves à l'appui. L'hypothèse devenait donc certitude, alimentant la « fiabilité » de l'outil.

> **À noter**
>
> Le polygraphe est un excellent outil pour détecter le... stress, et non le mensonge. Il détecte les réactions physiologiques en réponse à des stimuli, lesquels sont les questions posées par l'interrogateur. Or, pour les raisons que nous avons pu partager, le stress ne découle pas nécessairement du mensonge. Surtout avec un appareil attaché au corps !

Qui ment au final : l'interrogateur ou le suspect ?

L'assistance technique, qu'elle soit issue d'un polygraphe, d'une caméra thermique, d'une IRM ou d'un enregistreur de microtremblements, repose sur un socle fondamental : l'illusion de l'infaillibilité.

Avant de débuter l'audition, l'interrogateur prend toujours soin d'expliquer le fonctionnement de la machine qu'il va utiliser. Pour mettre le sujet dans des prédispositions favorables, il va user de deux arguments clés. Le premier consiste à circonscrire de son vocabulaire les termes liés au stress et à les remplacer par des mots relatifs au mensonge ou à la tromperie. Ceci permet de renforcer l'idée que la machine détecte le mensonge, et non le stress, même si l'interrogateur est persuadé du contraire.

Le second argument réside dans la fiabilité de l'expérience. L'interrogateur doit faire en sorte que le sujet pense que la machine est infaillible, c'est-à-dire qu'elle sera en mesure de détecter tous les mensonges. Pour cela, il est nécessaire de convaincre le sujet avant le démarrage de l'expérience, pour ne laisser planer aucun doute. Ainsi, face à un « véritable détecteur de mensonges », le sujet sera davantage enclin à se livrer ou à reconnaître sa culpabilité, puisqu'il sera lui-même persuadé d'être retoqué par la machine.

La technique la plus simple consiste à poser des questions anodines au sujet, alors que la machine est branchée, et à lui demander de choisir entre dire la vérité ou mentir, afin de tester en direct la fiabilité de l'outil. Le suspect est alors interrogé sur la ville de son enfance, son âge, le nom de jeune fille de sa mère, son meilleur ami... Après une série de questions, l'interrogateur est capable d'afficher un score de 100 % de bonnes réponses, sous les yeux écarquillés du suspect. Ce qu'ignore le suspect, c'est qu'aucune question n'était en réalité anodine puisque l'interrogateur avait au préalable fait en sorte de récupérer les réponses.

> Un ex-membre de la CIA, spécialiste du polygraphe, m'a un jour confié qu'il utilisait un jeu de cartes marqué pendant la phase de « mise en condition » pour s'assurer de la bonne adhésion de ses sujets. Toutes les cartes étaient marquées au dos à l'aide d'une substance rouge, invisible à l'œil nu, mais visible par celui qui portait les lunettes adéquates. Ainsi, il demandait au suspect de piocher une carte et d'énoncer cinq valeurs différentes. À chaque coup, il trouvait la bonne valeur. « Généralement, les coupables tremblaient avant de débuter l'interrogatoire », m'avouait-il fièrement.

L'analyse vocale par ordinateur

De nombreux outils ont été développés, notamment par d'anciens militaires américains, pour analyser les microtremblements liés au stress causé par le mensonge. Grâce à l'analyse vocale par ordinateur, la voix est enregistrée, puis traitée à l'aide d'algorithmes, pour être ensuite modélisée dans un graphique prévu à cet effet. Si certaines questions ou accusations, du type : « Vous avez tué cette personne ? », provoquent des réactions subtiles, inaudibles pour l'oreille humaine, mais parfaitement compréhensibles pour la machine, alors l'interrogateur sera capable de détecter le mensonge.

Ses créateurs ont rapporté des niveaux de fiabilité supérieurs au polygraphe, tandis que certaines études scientifiques ont montré des taux de réussite proches de 50 %.

Ces outils fonctionneraient effectivement sans faille si tout homme manifestait du stress quand il ment et s'il existait un stress lié à la tromperie. Ce n'est malheureusement pas le cas. Ces machines enregistrent le stress, tout comme n'importe quel polygraphe. Et ce stress peut être la conséquence de raisons aussi diverses que variées.

L'imagerie par résonance magnétique (IRM) : un outil peu pratique

Vous connaissez, bien évidemment, les IRM, dont les hôpitaux et les centres d'imagerie se servent pour détecter les tumeurs ou lésions du cerveau. Certains ont décidé d'aller plus loin, en analysant l'activité cérébrale liée au mensonge. Ils revendiquent que grâce à l'imagerie, ils sont capables de détecter l'augmentation de l'afflux sanguin dans les zones clés impliquées dans le processus de fabrication du mensonge.

Les différentes études réalisées sur le sujet montrent que les régions les plus sollicitées pour produire le mensonge se situent dans la partie haute du cerveau, associée aux fonctions cognitives, où siègent notamment la création et la créativité.

Cependant, les dernières études, réalisées par Ganis et ses confrères, mentionnent qu'il existe des différences significatives au niveau de l'activation cérébrale. Les mensonges spontanés et les mensonges répétés n'émaneraient pas de la même zone.

Outre le manque de fiabilité, c'est la praticité qui est limitante. Interroger des sujets dans des sarcophages, où résonnent des bruits sourds et répétitifs, n'est pas des plus pratiques.

Pour ou contre la thermographie faciale

Certains chercheurs ont montré que le muscle corrugateur du sourcil, situé le long de l'arcade sourcilière, est davantage sollicité quand les individus traversent une période de stress importante. En conséquence, le sang afflue intensément vers le système vasculaire supra-orbitaire, provoquant une hausse de la température cutanée du front. Afin d'enregistrer ces modifications physiologiques, invisibles à l'œil nu, ces scientifiques ont eu recours à une caméra thermique. La première expérience révéla une fiabilité de 76 % dans la détection du mensonge.

Cette toute dernière approche en est, pour le moment, au stade embryonnaire. Tout comme les autres outils, elle souffre de la nécessité de manifester du stress chaque fois qu'un mensonge est fabriqué. De plus, l'expérience réalisée par ces chercheurs a été conduite dans un laboratoire, environnement serein et dénué de phénomènes perturbateurs s'il en est. En situation réelle, je doute d'une telle fiabilité.

Ces différents outils présentent tous l'avantage de détecter des indices, souvent invisibles ou inaudibles pour l'œil et l'oreille humains. Ils présentent également tous l'inconvénient d'enregistrer les réponses physiologiques dues au stress. Aucun d'entre eux ne détecte donc le mensonge. Jusqu'à aujourd'hui, un homme entraîné et ayant appris par l'expérience performera toujours mieux qu'une machine.

3

POSER LES BONNES QUESTIONS POUR OBTENIR LA VÉRITÉ !

" Truth fears no questions[1]*. "*

Anonyme

---

1. La vérité ne craint pas de questions.

Pour devenir un expert en détection du mensonge, deux prérequis sont nécessaires. Le premier consiste à être capable de lire votre interlocuteur, c'est-à-dire de détecter et d'interpréter les différents signaux qui pourraient le trahir. Le second réside dans votre habilité à extraire l'information où elle se cache. Sans ces deux jambes fortes, vous vous arrêterez au milieu du gué. Si vous êtes très doué pour capter des indices verbaux ou non verbaux, mais que, parallèlement, vous ne savez pas poser les bonnes questions pour pousser votre interlocuteur à se révéler, pensez-vous que vous obtiendrez la vérité ?

Il existe de nombreuses techniques particulièrement efficaces, notamment dans des environnements où vous avez l'ascendant sur l'autre. La rhétorique, l'art du questionnement, la mise en condition, la création du lien deviennent alors des armes redoutables pour induire à la fois un changement d'attitude chez l'autre, mais également délier sa langue. Convenablement utilisées, ces méthodes poussent l'interlocuteur à révéler plus d'informations qu'il ne le souhaite ou ne le pense.

> **À noter**
>
> *Pour identifier un menteur, vous devez lui donner l'opportunité de mentir.*

SE PRÉPARER À CHAQUE CONFRONTATION

Sans stratégie, on s'en remet à la chance. Avec une stratégie, on fait de la chance une alliée. Plus vous aurez préparé votre entretien, moins vous en subirez les aléas et les mauvaises surprises. Vous réduirez par conséquent la part laissée au hasard et resterez maître de la situation. Ces grands principes de bon sens, on les a tous en tête. Malheureusement, dans bon nombre de cas, on oublie de se les appliquer à soi-même.

Mettre toutes les chances de son côté

Toute préparation nécessite la fixation d'un objectif, qui peut vous être propre, ou vous être imposé par la société ou l'entité dont vous faites partie.

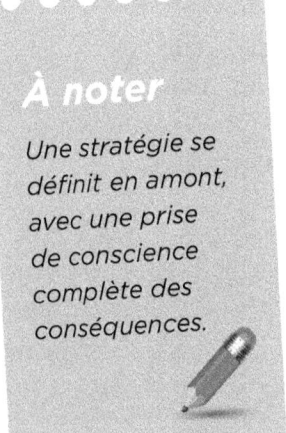

À noter

Une stratégie se définit en amont, avec une prise de conscience complète des conséquences.

Ensuite, il faut initier une stratégie, avec laquelle vous êtes à l'aise, pour vous permettre d'atteindre cet objectif. Imaginez que vous décidez d'acculer votre partenaire pendant tout l'entretien pour qu'il « crache le morceau ». Non seulement vous devez être en mesure de tenir dans la durée, mais vous devez aussi réprimer tout signe de faiblesse pour garder la main haute. Si vous pensez ne pas être à la hauteur, alors changez tout simplement de stratégie.

Une fois votre stratégie fixée, quels moyens tactiques et techniques allez-vous mettre à votre disposition ? Poser les preuves sur la table ? Privilégier un lieu particulier ? Demander à un ami de vous épauler ? Éviter des sujets litigieux ? Bref, tout comme la stratégie, l'attribution des moyens devra être décidée en amont.

Avoir le recul nécessaire

Si vous débutez votre interrogatoire ou votre audition en étant persuadé que le suspect est coupable, alors vous le jugerez coupable quoi qu'il arrive. C'est un biais de confirmation, qui consiste à écarter toutes les preuves qui pourraient remettre en cause votre jugement, qu'il soit erroné ou justifié. Pire encore, vous serez davantage enclin à lier des indices insignifiants à de la tromperie, ce qui ne fera qu'alimenter votre conviction.

Même si les preuves s'entassent, il est toujours nécessaire de laisser une place, aussi petite soit-elle, au doute et à l'innocence. J'ai vécu de nombreux cas où les preuves étaient relativement importantes, et pourtant le sujet était innocent. C'est en combinant deux ou trois preuves qu'on parvient à reconstituer une histoire, qui malheureusement (surtout pour le suspect !) n'est faite que de bric et de broc.

Mieux vaut être beau, en bonne santé et bien habillé

Afin de sensibiliser les participants de mes séminaires aux biais perceptifs, dont nous pouvons tous être victimes malgré nous, j'ai mené l'expérience suivante.

Après avoir sélectionné 23 personnes (13 hommes et 10 femmes), je leur ai montré dix vidéos d'individus racontant une courte histoire d'une minute. Elles devaient simplement évaluer la crédibilité de leurs propos.

Parmi les dix profils, j'avais demandé à cinq d'entre eux de s'habiller négligemment et de grimer leur apparence de façon à la rendre non attractive. Aux cinq autres, j'avais demandé de faire exactement l'inverse : s'habiller avec goût et rehausser leur beauté à l'aide de maquillage. Par contre, aucun des dix profils ne devait altérer la façon dont il s'exprimait à l'accoutumée.

Je m'étais également permis une autre largesse à l'insu des 23 personnes : les dix profils devaient raconter des histoires qui étaient vraies.

Résultat des courses :

- les cinq profils « beaux » ont été jugés comme honnêtes dans 83 % des cas ;
- les cinq profils « moches » ont été jugés comme honnêtes dans 23 % des cas.

> Ce qui signifie que nous avons plutôt tendance à faire confiance à des personnes belles, bien habillées et qui paraissent en bonne santé. À l'inverse, nous accordons moins de crédit à des individus déplaisants, mal habillés et qui paraissent en mauvaise santé.
>
> Donc, attention aux apparences !

Bien gérer les preuves

Parfois, vous tenez entre vos mains des preuves irréfutables de la culpabilité d'une personne. Vous êtes sur le point de lui faire face, et vous avez délicatement pris le soin de les poser sur la table si elles sont matérielles (documents, photos, billets...) ou vous vous apprêtez à les lui « balancer » au visage si elles sont dématérialisées (témoignages, flagrant délit, rumeurs...). C'est tentant, effectivement, mais je vous le déconseille fortement. Dans la plupart des cas, le sujet cherchera à se justifier ou simplement à quitter les lieux s'il en a le pouvoir. Il perd la face, donc il s'évertue à se défendre. C'est normal.

Sauf cas particuliers, il est préférable d'entamer une collaboration et de demander à la personne de se prononcer sur l'objet du délit. Par ce procédé, vous espérez que le sujet produira des informations contraires à celles en votre possession. Ainsi, quand vous le confronterez avec les preuves, il sera beaucoup plus difficile pour lui de faire machine arrière. Donc, préparez vos preuves et sortez-les à bon escient.

Choisir la bonne personne

Cette section s'applique exclusivement aux interrogatoires, aux auditions, voire aux entretiens professionnels. Il est important d'adapter l'interrogateur à son interlocuteur. Si, dans le cadre d'une fraude, vous positionnez un junior face à un DG hautain et condescendant, même si le petit jeune est particulièrement doué, il souffrira d'un manque de crédibilité. L'audition risque de tourner court rapidement, le DG estimant qu'il ne « répondra pas à son petit-fils », pour reprendre les termes exacts d'un cadre dirigeant d'un certain âge, blessé dans son amour-propre face à un auditeur d'une vingtaine d'années.

Quand vous êtes l'auditeur, vous prenez un coup sur la tête. Je sais de quoi je parle pour l'avoir vécu à plusieurs reprises il y a plus d'une dizaine d'années dans des circonstances similaires. Maintenant, votre ego ne doit pas passer devant l'objectif. Même si c'est déplaisant, il est nécessaire de positionner une personne qui sera considérée comme « crédible » par la partie adverse. L'important est de faire parler l'autre, c'est tout. À vous de faire en sorte que le contexte ou la personne soit propice à la collaboration.

Positionner le curseur de l'éthique

Jusqu'où êtes-vous prêt à aller pour découvrir un mensonge ? Quels moyens êtes-vous réellement capable d'allouer ? La fin justifie-t-elle les moyens ? Ces questions, vous devez vous les poser lors de la phase préparatoire, pas pendant l'entretien. Certaines techniques particulièrement puissantes usent de la manipulation ou du mensonge pour extraire les informations que le sujet tente de cacher. L'objectif ne pouvant être compromis, pour des raisons d'État ou de simples motifs personnels, les moyens mis à disposition sont importants. « J'ai récupéré vos trois dernières années de transaction financière et, visiblement, vous avez des choses à me raconter. » La déclaration est totalement fausse, mais l'effet produit sur votre interlocuteur peut être particulièrement impactant.

Chacun place le curseur de l'éthique où il le souhaite. Il faut simplement pouvoir assumer les conséquences de propos mensongers, s'ils venaient à être découverts par la partie adverse. Très souvent, il n'y a pas de retour en arrière possible.

Envisager la mise en place professionnelle

Dans le cadre d'interrogatoires ou d'auditions, je vous recommande d'agencer le lieu de façon à mettre le sujet dans des prédispositions favorables à l'entretien. En respectant ces quelques règles, vous faites en sorte que l'environnement global ne profite pas au suspect, sans autant lui porter préjudice. Votre objectif principal est de gagner la confiance du suspect pour qu'il accepte de s'ouvrir davantage.

- **Pour quelle autorité opter ?**

Il vaut mieux atténuer son autorité pour privilégier la collaboration. « Bonjour, je m'appelle Pierre » est préférable à : « Bonjour, je suis Pierre Lalange, directeur de l'audit interne du Groupe X, directement rattaché au président. » Cela passe également par la tenue vestimentaire, qui ne doit pas être trop austère.

- **Pour quel lieu opter ?**

Le lieu de l'interrogatoire doit être neutre, c'est-à-dire dénué de charge émotionnelle. Choisir le bureau du président vous procurera un avantage psychologique sur le suspect. À l'inverse, opter pour le bureau du suspect lui donnera un semblant de confort. Une salle de réunion pourra très bien faire l'affaire.

- **Pour quelle proxémie opter ?**

Respecter les distances « sociales » est une marque de respect pour le suspect. Si vous décidez de pénétrer dans sa sphère personnelle, vous pouvez vous attendre à des réactions défensives ou mutiques, qui entacheront votre collaboration.

- **Pour quelle position opter ?**

Les interrogatoires en face-à-face, largement véhiculés dans les films, ont pour objectif de mettre la pression sur le sujet. La confrontation est recherchée et volontairement affichée. À l'inverse, toujours dans l'optique de créer un lien avec le suspect, s'asseoir à 90 degrés de lui traduit la coopération.

▪ Pour quelle chaise opter ?

Voici un bon conseil que m'a enseigné un ami policier. Il est préférable d'utiliser une chaise à quatre pieds. Et, qui plus est, une chaise avec des roues pour que la personne puisse bouger librement. La chaise devient ainsi un *amplificateur comportemental*.

▪ Pour quel confort opter ?

La pièce doit respirer le confort raisonnable. Évitez le soleil dans la figure (ou la lampe dans les yeux !), faites en sorte que la température soit stable, que la pièce ne soit pas bruyante et que l'odeur soit agréable.

▪ Pour quelles distractions opter ?

Quand le sujet sera mal à l'aise lors de l'interrogatoire, il cherchera soit à se distraire, soit à vous distraire. Pour limiter ce procédé, faites en sorte que les composants de la pièce ne soient pas des tentations. Par conséquent, coupez le téléphone, n'affichez pas de photos ou de cadres, évitez les lieux où les murs sont dessinés, enlevez les œuvres d'art et fermez les fenêtres pour couper le bruit.

▪ Pour quelles autorisations opter ?

Dans 90 % des cas, on vous demandera un café ou de l'eau. Suggérez-le avant que l'on vous le demande. La cigarette requiert de devoir quitter la pièce. Il est préférable, par conséquent, de la refuser. C'est souvent un prétexte pour évacuer le stress et fabriquer potentiellement une histoire.

CRÉER DU LIEN POUR POUSSER LE COUPABLE À SE LIVRER

Il y a quelque temps maintenant, j'ai passé un entretien pour un poste de directeur d'une équipe de négociateurs au sein d'un très grand groupe mondial. J'ai été reçu par une RH qui devait aller sur ses 25 ans. Elle me pria de m'asseoir, ouvrit un grand cahier à carreaux et me dit avec assurance : « Je vous écoute. » L'entretien dura 45 minutes et elle écrivit cinq pages complètes, sans lever la tête de son cahier.

Au-delà du côté très scolaire, cette jeune femme n'aurait pas pu mieux faire pour s'aliéner une personne. Ce jour-là, j'ai tenté d'établir un lien avec un robot.

Développer une relation empathique sous-entend adopter une attitude résolument tournée vers l'autre. Pourquoi développer l'empathie, alors qu'il suffit de faire pression sur le sujet pour obtenir des informations ? Mon expérience et les différentes études montrent qu'**un sujet se livrera davantage et plus facilement s'il est en confiance**. *A contrario*, s'il se sent menacé, d'une manière ou d'une autre, il tentera de se protéger, notamment par la prolifération de mensonges. Plus vous serez en mesure d'établir un rapport de confiance, plus vous récolterez de fruits de vérité.

Comment créer un *lien empathique*

En gagnant sa confiance, vous gagnez son cœur. Voici quelques recettes particulièrement efficaces pour créer un lien empathique avec une personne :

– inclinez le corps en avant ;
– hochez régulièrement la tête ;
– souriez quand vous le jugez nécessaire ;
– utilisez son prénom si vous le pouvez ;

- montrez-lui de la compassion quand le récit est particulièrement poignant ;
- maintenez le contact oculaire, sauf quand la personne est mal à l'aise ;
- proposez un café ou à boire ;
- accompagnez ses propos (je vois, je comprends, ça a dû être dur…) ;
- encouragez-la à parler (je vous écoute, dites-m'en plus, pouvez-vous être plus précis ?) ;
- félicitez-la au moment opportun (il vous a fallu du courage pour me livrer tout ça, je tenais à vous remercier d'avoir partagé votre histoire avec moi…) ;
- et, surtout, soyez honnête : ne lui faites pas une promesse que vous ne pourrez pas tenir.

Tous les conseils présentés dans le chapitre 2, dans le cadre de l'élaboration de la *baseline*, s'appliquent ici.

Je me suis cependant permis d'ajouter quelques notions supplémentaires, particulièrement efficaces lors d'interrogatoires ou d'auditions.

Faire bonne impression

Les gens ont tendance à juger autrui sur leurs premières impressions. Si vous faites preuve de professionnalisme, de courtoisie et de respect, vous marquerez des points qui vous seront fortement utiles au cours de l'entretien. Cela passe également par une tenue vestimentaire propre, simple, et dans laquelle vous êtes à l'aise. Si vous projetez du bien-être, vous serez perçu positivement.

À l'inverse, il est très difficile et relativement long de se départir d'une mauvaise impression. Ce qui veut dire que vous devrez redoubler d'efforts pour gagner en crédibilité. Et tout ce temps que vous consacrerez à redorer votre blason se fera au détriment de votre objectif premier : obtenir la vérité.

Préparer les premiers mots échangés

S'il est important de travailler son image pour faire bonne impression, la forme des messages l'est tout autant, notamment lors des tout premiers échanges. Un petit faux pas et le suspect pourra se fermer aussi rapidement que son sourire. Je vous conseille, par conséquent, de préparer vos premières accroches, quitte à les apprendre par cœur.

Lors des présentations d'usage, vous devez verbaliser l'objectif de votre rencontre, pour, à la fois, rassurer votre interlocuteur, qui ignore peut-être pourquoi il est convoqué, et poser le socle de votre interrogatoire. Comparez ces deux approches.

> *Approche 1 : « Un PC a été volé vendredi dernier et vous faites partie de l'équipe présente lors des faits. Dites-moi ce que vous savez de ce vol. »*
>
> *Approche 2 : « J'ai été informé que vous travailliez vendredi dernier. J'aimerais que vous m'aidiez à reconstituer certains événements, dont vous avez peut-être été le témoin. »*

Quelle est la meilleure approche ? La seconde effectivement. Tout simplement parce qu'elle est collaborative et ouvre au dialogue.

La première, quant à elle, est directive et ferme la relation. Le sujet peut répondre : « Rien du tout », ce qui casse le démarrage de l'entretien. À l'inverse, la seconde approche appelle au développement.

Demander la vérité

Cela peut paraître bête, mais vous aurez beaucoup plus de chances qu'un sujet se livre à vous si vous lui demandez simplement d'être honnête avec vous. C'est la base de la relation de confiance. En vous ouvrant à l'autre, celui-ci sera plus enclin à s'ouvrir à vous. À l'inverse, en menaçant quelqu'un, vous vous l'aliénez.

Approche 1 : « Écoutez, pour faire cela dans les meilleures conditions, que ce soit pour vous comme pour moi, je vous conseille de me dire la vérité. »

Approche 2 : « Vous semblez être un type honnête, j'apprécierais que vous me disiez la vérité pendant tout l'entretien. »

La première approche dit la même chose que la seconde. Mais elle est menaçante et directive. La seconde ouvre la collaboration. Vous demandez simplement un service.

« Be smart, act stupid »

Cette phrase me vient d'un diplomate étranger qui s'imposait ce mode de fonctionnement dans le cadre de ses négociations internationales. « Fais l'idiot, mais sois intelligent. » La bonne nouvelle, c'est que cela fonctionne aussi bien en négociation qu'en interrogatoire ou en entretien. En apparaissant plus bête que vous ne l'êtes, vous créez un rapport de force *affiché* en faveur de votre interlocuteur. Ainsi, vous transigez sur la forme tout en restant maître du fond.

Par ce biais, vous élevez l'autre au-dessus de vous. Comme, en règle générale, les gens aiment à penser qu'ils sont plus intelligents que les autres, vous leur permettez de cultiver cette conviction. Par conséquent, un climat de confiance s'établira. Les individus se sentant considérés sont toujours plus loquaces que des personnes reniées. Ceci permet également de lisser votre figure d'autorité, notamment lors des interrogatoires. Vous êtes humain avant d'être policier, auditeur, directeur ou psychiatre. Et, pour finir, gardons le meilleur pour la fin, si vous paraissez bête, l'autre baisse sa garde. Quand le danger n'est pas présent, il baisse son bouclier. C'est exactement le ressort psychologique recherché !

MAÎTRISER LES TECHNIQUES DE QUESTIONNEMENT

Dans mon entourage, j'ai un ami que je forme depuis des années maintenant à la lecture comportementale. Il est particulièrement doué pour repérer la plupart des indices de tromperie ou d'inconfort. Quand un individu lambda capte en moyenne trois à cinq signaux de tromperie, lui oscille plutôt entre huit et neuf. C'est tout bonnement un fin observateur. Cependant, ses qualités à conduire un entretien, quel qu'il soit, sont médiocres, et il le sait. Par conséquent, si personne ne l'assiste pour pousser son interlocuteur à se trahir, ses compétences se révèlent insipides et inutiles.

Comment est-ce possible ?

Premièrement, la pression émotionnelle n'est pas simple à gérer, notamment dans des entretiens à caractère déstabilisant. Quand l'émotion prend le pas sur la raison, la lucidité est brouillée, entraînant une mise en berne des facultés cognitives.

Ensuite, même si elle peut se développer, nous ne sommes pas tous égaux devant la faculté adaptative. Un piètre interrogateur face à un menteur particulièrement malin n'aura aucune chance. Maîtriser la faculté adaptative, c'est s'accoutumer au contexte et être capable de réagir de façon circonstanciée à son interlocuteur pour avoir toujours un coup d'avance sur lui. De ce fait, il faut parvenir à déceler des tentatives d'évasion ou des démarches manipulatrices. En lisant dans le jeu de l'autre, on peut prédire ses prochaines actions.

Et, enfin, la technicité de la conduite n'est pas à la portée de tous. Le mot juste, la question orientée, la réponse résonnante, le silence choisi, les techniques d'ouverture représentent une courte panoplie des méthodes à la disposition de l'interrogateur. Comme nous le verrons, ces techniques sont nombreuses et efficaces. Mais malheureusement, il ne suffit pas de les connaître. Leur maîtrise réside dans la capacité à privilégier une méthode par rapport à une autre, en fonction du contexte, mais également de l'interlocuteur.

L'art de questionner

Vous trouverez ci-dessous les principaux types de questions. Il n'y a pas une question meilleure qu'une autre. Elles présentent toutes un ou plusieurs intérêts particuliers en fonction du contexte et de la personne interrogée. Cependant, il est fondamental de connaître les conséquences négatives d'une question posée à mauvais escient.

La méthode CSD

La façon dont vous posez les questions influe grandement sur le style et le contenu des réponses. Si vous souhaitez obtenir des réponses claires, il est nécessaire de poser des questions qui le soit aussi.

Les questions complexes déforment, par définition, les réponses. Imaginez l'exemple suivant :

– Vous étiez dans le train de 10 h 17 et vous avez vu Pierre ?

– Oui.

– « Oui » quoi ? « Oui » dans le train, ou « oui » vous avez vu Pierre ? Ou les deux ?

Les questions complexes apportent des réponses difficilement exploitables et sont surtout sujettes à votre interprétation.

Pour se prémunir contre tout biais et espérer une réponse intéressante, j'utilise la « méthode CSD ». J'ai créé ce nom car il est simple d'usage.

– Courte : les questions longues sont des aubaines pour les menteurs. Ils trouveront toujours le moyen de jouer sur les mots ou de vous demander de préciser votre pensée. Les questions courtes restreignent le champ de réponse pour cadrer l'interlocuteur.

- Simple : certaines personnes usent volontairement de mots compliqués ou abscons pour établir une forme de supériorité sur le sujet interrogé. Si une personne ne comprend pas votre question, elle réagira de manière confuse, ce qui biaisera votre lecture. Les questions simples évitent les échappatoires en tout genre.
- Directe : pour qu'un sujet se livre, vous devez obtenir de lui qu'il coopère. Les questions indirectes ou détournées génèrent de la suspicion. À l'inverse, les questions directes œuvrent davantage à la collaboration.

À noter

La question ouverte permet de reprendre la main sur l'entretien, que ce soit dans le cadre d'une négociation ou d'un interrogatoire. Il existe un principe de base en négociation. Celui qui pose des questions mène la négociation. C'est un puissant mécanisme d'inversion de pression. En ouvrant le dialogue par une question ouverte, vous prenez la place de l'« hôte » et votre interlocuteur devient votre « invité ». Celui-ci est contraint de se justifier en répondant à vos questions. Plus il parlera, moins vous aurez à parler. Et quand vous ouvrirez la bouche, ce sera pour orienter, toujours par le questionnement, la conversation en fonction de votre objectif.

▪ Les questions ouvertes

J'aime qualifier la question ouverte de *question exploratrice*. Contrairement à la question fermée, elle sollicite des réponses explicatives.

– « Dites-moi, qu'avez-vous vu après avoir fermé la porte ? »

– « Comment cela a-t-il pu se produire ? »

– « Pourquoi avez-vous pris le bus ? »

Ces questions ont pour but de récolter des informations, sans imposer de barrières à l'interlocuteur. De par leur nature, elles forcent le sujet à fournir des explications, sans lui accorder la possibilité de se dérober par l'utilisation d'un « oui » ou d'un « non ». L'intérêt majeur réside dans la production de la réponse. Sachant que celle-ci sera forcément plus longue que dans le cas d'une question fermée, ce sont autant d'opportunités accordées au menteur pour qu'il se révèle. Plus vous serez capable de faire parler une personne, plus vous multiplierez les chances qu'elle se trahisse. À l'inverse, une question qui appelle une réponse précise et succincte n'affectera pas la charge cognitive de l'intéressé, ce qui diminuera drastiquement vos chances d'établir la crédibilité de ses propos.

▪ Les questions fermées

Les questions fermées appellent des réponses précises, réduisant par conséquent le champ du dialogue. Les réponses se limitent généralement à un seul mot.

– « *Donc, vous n'êtes pas allé chez elle ?* »

– « *Vous avez fait vos bagages tout seul ?* »

– « *Vous aimez les haricots verts ?* »

Contrairement aux questions ouvertes, les questions fermées réduisent infiniment la charge cognitive. Il n'y a rien de plus simple que de répondre « oui » ou « non ». L'erreur la plus communément observée lors d'auditions est de poser directement une question fermée : « Vous avez volé ces 100 000 euros ? » Que vous soyez innocent ou coupable, vous répondrez « non ». Dans le premier cas, vous direz la vérité, et dans le second vous mentirez. Mais dans les deux cas, vous aurez usé du même mot pour répondre, ce qui rendra la tâche particulièrement difficile à l'interrogateur. La question fermée est un cadeau pour le menteur. Il n'a qu'à nier, tout comme le ferait une personne honnête. Si vous savez, par exemple, que les 100 000 euros ont été volés samedi dernier, privilégiez : « Dites-moi, que faisiez-vous samedi dernier ? » La personne sera contrainte de se livrer, produira peut-être des incohérences, voire des contradictions, par rapport à ce que vous savez.

Cependant, la question fermée peut être d'une véritable utilité si vous souhaitez obtenir la confirmation de certains éléments. « Donc, vous me soutenez qu'hier vous étiez chez votre petite amie, c'est bien ça ? » Elle devient impliquante, puisque le sujet est obligé de s'engager. Ainsi, si jamais l'histoire racontée donne lieu à des anachronismes ou à des contradictions, il vous sera facile de faire écho à ce que le sujet a pu confirmer précédemment avec conviction.

La question fermée permet également de récolter des informations d'ordre démographique (âge, lieu de naissance, profession...) pour cerner plus précisément une personne. Elle permet en outre de catégoriser le contenu d'une histoire (« Donc ça, c'est arrivé avant ou après ? ») pour imposer une chronologie, souvent au grand désarroi du menteur non préparé.

▪ Les questions négatives

Il faut le souligner, la question négative est de faible valeur ajoutée. Elle est d'ailleurs souvent utilisée par des interrogateurs ou des négociateurs sans expérience. Elle consiste à reformuler ce qui a été dit par l'usage de la négation.

– *Donc, vous n'avez pas volé cet argent ?*

Quel que soit le niveau d'implication de la personne, vous pouvez vous attendre à un « non » dans près de 100 % des cas. Non seulement cette question ne vous apporte pas d'informations supplémentaires, mais en plus elle enferme le débat. En outre, si vous cherchez à prendre une position haute face à votre interlocuteur, vous vous mettez en situation défavorable. En formulant un simple « non », il accepte de vous répondre. La balle est de nouveau dans votre camp, avec la contrainte de redémarrer l'entretien face à un interlocuteur qui, évidemment, vous laissera dans le bourbier.

La question négative est, par essence, une question fermée. Ce qui signifie que, dans certains cas, elle peut tout de même être utile pour confirmer un point spécifique et obtenir l'adhésion de l'interlocuteur. Si celui-ci se contredit par la suite, l'interrogateur sera d'autant plus en position de force pour faire résonner sa précédente déclaration : « Je vous prie de m'excuser, mais quelque chose m'échappe. Il y a dix minutes, vous me confirmiez que samedi dernier vous étiez chez votre mère et, maintenant, vous me dites que vous étiez chez votre ami. Vous pouvez m'aider à comprendre ? » Et là, vous vous taisez et vous observez.

- **Les questions alternatives**

Les questions alternatives offrent un choix restreint à l'interlocuteur. Généralement, elles sont binaires, contraignant le sujet à s'engager sur une des deux options possibles.

> *– Cette voiture, vous l'avez volée parce que vous aviez besoin de partir loin ou c'était pour venir en aide à votre ami ?*

En s'impliquant dans une des deux propositions, le sujet admet sa culpabilité. C'est un phénomène psychologique particulièrement intéressant. En suggérant des causes ou des circonstances atténuantes, l'interrogateur tend la main au suspect pour l'aider à avouer, s'il est bien évidemment suspecté d'être coupable. La confession devient alors plus aisée, car le coupable a le sentiment que la gravité de son acte a été adoucie. La question alternative est notamment efficace en fin d'audition, quand la culpabilité du suspect est avérée et qu'il ne faut plus qu'un « petit geste » pour l'aider à avouer.

- **Les questions régressives**

Les questions régressives ont pour objectif de déstabiliser le suspect en répétant *stricto sensu* le contenu des réponses.

> *– Et après ?*
>
> *– Ben, je suis parti de chez moi sans fermer la porte.*
>
> *– Donc, vous êtes parti de chez vous sans fermer la porte ?*
>
> *– Exactement.*

– Et ensuite ?

– Je suis monté dans ma voiture.

– Vous êtes monté dans votre voiture ?

– Oui, je viens de vous le dire !

– Et ensuite ?

Sur des sujets arrogants ou trop confiants, la question régressive est particulièrement efficace. Non seulement elle irrite, mais elle contraint le sujet à s'engager à chaque étape de l'histoire. Généralement, au bout de quelques minutes, la confiance débordante du sujet s'érode, mettant fin aux propos condescendants ou aux regards dédaigneux. La conversation se recentre ainsi sur les faits.

▪ Les questions implicatives

Les questions implicatives consistent à gonfler artificiellement le niveau d'implication de la personne pour évaluer son éventuelle culpabilité.

– Vous trichez souvent sur une année complète ?

– Non, pas souvent.

(Donc il triche.)

– Vous avez bu plutôt une dizaine de bières ou vous avez dépassé les vingt ?

– Jamais de la vie, pas vingt ! Oui, je dirais plutôt environ huit.

(Donc il a beaucoup bu.)

Dans ces deux exemples, vous cherchez à obtenir l'implication réelle de la personne. En intensifiant le degré d'implication, le sujet peut avoir tendance à admettre un délit qu'il considère mineur par rapport à la gravité de votre question. C'est en réalisant un exercice de comparaison qu'il diminue de lui-même sa responsabilité.

- **Les questions bizarres**

Les questions bizarres ont pour objectif d'apporter une rupture dans la linéarité du discours. Elles sont particulièrement efficaces auprès de menteurs qui ont eu l'opportunité de préparer leur histoire.

> *– Donc, vous étiez dans une boutique informatique ?*
>
> *– Oui, exactement, et à ce moment, un type est arrivé, que je n'avais jamais vu d'ailleurs, et il m'a proposé un super-plan de fou.*
>
> *– D'accord. Et quel type de matériel il y avait dans la boutique ?*
>
> *– Eh bien, différents PC, des barrettes de RAM, pas de choix sur les produits Apple…*

Comme vous avez pu l'observer, connaître le type de matériel que vend la boutique n'apporte rien à l'histoire, et cette question arrive comme un cheveu sur la soupe. Cependant, vous pouvez parfois obtenir des réponses révélatrices. De nombreux menteurs veulent apparaître coopératifs. Pour cela, ils considèrent qu'il est préférable de répondre à toutes les questions, plutôt que de faire l'impasse sur certaines, de peur de paraître non crédibles. Ainsi, ils apportent des réponses à toutes les questions, même les plus saugrenues. Les personnes honnêtes ont tendance à s'énerver face à ce type de questions ou à paraître incrédules : « Quoi ? ! », « C'est quoi le rapport ? », « Mais j'en sais rien et on s'en fout, c'est pas le sujet ! »

- **Les questions piège**

La question piège consiste à poser une question innocente dont vous connaissez déjà la réponse. Ceci afin d'évaluer la véracité des propos du suspect.

> *– On s'est retrouvés dans un petit café, à Clamart, juste en face d'une pizzeria.*
>
> *– Quelle pizzeria ?*

> – Ah, j'ai oublié son nom, je l'ai sur le bout de la langue.
> – La Regina, non ?
> – Oui, exactement !

Sauf que vous connaissez bien Clamart, et qu'il n'y a pas de pizzeria du nom de La Regina dans cette ville. Quand vous récoltez ce type d'information, il est préférable de ne pas confronter le menteur, pour éviter de lui faire perdre la face, ce qui entraînerait un état mutique ou défensif. Mieux vaut continuer à recueillir d'autres pièces révélatrices afin d'étayer votre hypothèse. Encore une fois, plus vous bénéficierez de faisceaux concordants, plus votre analyse sera juste.

▪ Les questions clarifiantes

La question clarifiante permet d'obtenir l'adhésion d'une personne sur une séquence d'événements.

> – N'hésitez pas à m'interrompre si nécessaire. Vous me dites, donc, que vous êtes allé chez le coiffeur, que vous avez payé 25 euros, puis que vous êtes passé chez le boucher pour acheter une tranche de veau, que vous avez oublié de le payer, et qu'ensuite vous êtes rentré chez vous pour prendre une douche, c'est bien ça ?
> – Exactement.

Cette question, qui peut paraître anodine, répond à un double objectif. D'une part, elle permet de lutter contre les omissions involontaires, et, d'autre part, elle autorise le sujet à revenir sur sa déclaration à tout moment. Si modification de l'histoire il y a, soyez vigilant !

Certains interrogateurs introduisent volontairement et subrepticement des informations supplémentaires, liées au délit, dans la séquence de rappel afin de tester la réaction du suspect. Voici ce que cela donnerait si l'interrogateur devait douter de la véracité des faits concernant le coiffeur.

> – N'hésitez pas à m'interrompre si nécessaire. Vous me dites, donc, que vous êtes allé chez le coiffeur, que vous avez payé 25 euros par chèque, puis que vous êtes passé chez le boucher pour acheter une tranche de veau, que vous avez oublié de le payer, et qu'ensuite vous êtes rentré chez vous pour prendre une douche, c'est bien ça ?
>
> – Exactement.

Dans le cas présent, le suspect n'a jamais évoqué le fait qu'il a payé par chèque. L'interrogateur ajoute une information aléatoire pour valider les propos. En cas d'absence de réaction, vous pouvez raisonnablement vous interroger sur la raison de ce manquement.

▪ Les questions appât

Ce sont, de loin, les questions les plus efficaces si elles sont posées à bon escient et convenablement. La question appât consiste à émettre une hypothèse plausible pour pousser le sujet à la faute.

Exemple 1 : le sujet nie depuis le début de l'entretien avoir fumé.

> – Si je devais poser la question à ta mère, y aurait-il une raison pour qu'elle me dise que tu as déjà fumé avant ?
>
> – Elle pourrait dire ça parce que mon blouson sentait une fois la cigarette, mais c'est faux.

Exemple 2 : le sujet nie depuis le début de l'interrogatoire sa présence sur le lieu du crime.

> – Y aurait-il une raison pour que l'un de vos voisins dise vous avoir vu dans le quartier la nuit dernière ?
>
> – Je passais tout simplement promener mon chien, mais rien à voir avec ce dont vous parlez.

Dans ces deux exemples, les réponses des suspects sont potentiellement révélatrices, puisqu'ils tentent de se justifier, alors qu'ils niaient auparavant toute implication. Une personne honnête répondrait simplement « non ».

La force de cette question réside dans sa tournure. Elle sous-entend que l'interrogateur détient plus d'informations que le sujet ne le pense. Par conséquent, un coupable, sentant le vent tourner, peut avoir tendance à se justifier, de peur de voir certaines preuves futures contredire sa déclaration. Il décide alors de se livrer un peu, en faisant en sorte cependant de se distancier de l'objet du délit.

C'est, de loin, mon type de question préféré.

- **Les questions filet**

La question filet offre la possibilité au sujet de revenir à tout moment sur sa déclaration ou de la compléter si nécessaire.

> *« Y a-t-il quelque chose que je ne vous ai pas demandé que je devrais savoir ? »*
>
> *« Qu'y a-t-il d'important que je devrais savoir sur Marie ? »*
>
> *« Au terme de cet entretien, y a-t-il des choses qui sont revenues à votre mémoire et que vous souhaitez me faire partager ? »*

La question filet permet avant tout de relancer le débat, notamment en fin d'entretien ou d'audition quand les informations récoltées sont insuffisantes ou imprécises.

En outre, de façon plus subtile, elle contraint le sujet à s'engager personnellement sur sa déclaration. Si, plus tard, de nouveaux éléments viennent étayer le dossier, le sujet sera très souvent pris de court, cherchant par tous les moyens à justifier ses omissions ou ses pertes de mémoire. C'est à ce moment qu'il faut ouvrir l'œil !

Les techniques complémentaires

Un questionnement approprié et pertinent en fonction de la situation et du profil reste la meilleure technique pour accéder à la vérité. Voici quelques méthodes complémentaires, qui s'intercalent parfaitement dans la conduite d'un interrogatoire, d'une négociation, d'une audition ou tout type d'entretien.

▪ User du silence

Dans les cultures occidentales, le silence est perçu comme inapproprié, voire malpoli. Par conséquent, nous avons tendance à combler les trous de conversation par des formules qui révèlent souvent notre malaise.

Le silence est une arme. Une arme puissante. Convenablement utilisé, il permet de :

- inverser la pression si le sujet cherche à s'imposer ;
- asseoir son autorité ;
- contraindre le sujet à se justifier ;
- amplifier le comportement du sujet.

Le silence est particulièrement efficace après avoir lancé un « pavé dans la mare ». Vous formulez un argument massue ou présentez des preuves accablantes, suivies d'une question ouverte du type : « Comment expliquez-vous cela ? » et vous vous taisez en fixant le sujet. Comme une onde de choc, un sujet mal à l'aise se trahira

> **À noter**
>
> Attention cependant. Ne faites usage du silence que si vous êtes capable de contrôler vos propres émotions. J'ai souvent vu des personnes l'utiliser, notamment en négociation, puis devenir rouge soudainement, pour finalement le briser par des combleurs verbaux ou des justifications. Malgré elles, le silence s'était retourné contre elles, à la grande satisfaction du sujet. C'est la pratique qui permet de progresser dans l'appropriation des techniques.

par un comportement erratique, des propos incompréhensibles ou des justifications trop prononcées.

▪ Encourager l'autre

Comme nous avons pu l'aborder succinctement dans l'élaboration de la *baseline*, l'encouragement consiste à abonder dans le sens du sujet pour l'inciter à parler et développer sa pensée.

> *– Donc, je suis entré dans la salle d'informatique, et là, il y avait un type louche.*
>
> *– Ah ouais ?*
>
> *– Ouais, trop bizarre, il a commencé à me parler, mais je n'écoutais pas vraiment.*
>
> *– Ah bon, pourquoi ?*
>
> *– Parce qu'il avait l'air dangereux quand même.*
>
> *– Dangereux ? C'est-à-dire ?*

Plus vous donnez l'opportunité au sujet de se livrer, plus il sera enclin à commettre des faux pas. Il faut donc l'accompagner, toujours avec la nécessité de rebondir sur ses propos pour le pousser à élaborer et étoffer sa version des faits.

▪ Favoriser le constat non directif

Imaginez les trois exemples suivants sur un sujet mutique ou peu prolixe. Quelle est la formule la plus appropriée ?

> *Exemple 1 : « Sauf erreur de ma part, j'ai le sentiment qu'il y a quelque chose d'autre. »*
>
> *Exemple 2 : « De ce que je vois, vous ne me dites pas tout. »*
>
> *Exemple 3 : « Je sens que vous me cachez quelque chose. Il y a quelque chose qui ne va pas. »*

Sur un sujet qui décide de se fermer, l'attaque frontale fonctionne rarement. Il est préférable de contourner les défenses que la personne aura érigées. Les exemples 2 et 3 sont identiques, par le fait qu'ils sont tous deux directifs et accusateurs. Le « vous » rejette la responsabilité sur l'autre. Généralement, on assiste à une contre-attaque, ou à un retranchement physique et psychologique encore plus prononcé.

A contrario, l'exemple 1 n'engage que celui qui pose la question. De plus, la tournure appelle à la réflexion et au partage. Pour maximiser les chances que le sujet s'ouvre, il faut utiliser un long silence après avoir lâché cette phrase. Dans le cas où le sujet ne coopère toujours pas, je quitte habituellement la pièce lentement, sans dire un mot, pour le laisser cogiter.

Du bon dosage du questionnement

Quelle question utiliser ? Quelle question privilégier ? Peut-on utiliser plusieurs fois le même type de questions ? À quelle fréquence ?

La valeur ajoutée des méthodes et techniques présentées plus haut est avant tout dépendante de la situation et du profil auquel vous êtes confronté.

Il n'existe pas de règles strictes à suivre pour doser correctement le questionnement, simplement beaucoup de bon sens. Et, malheureusement, nous ne sommes pas tous égaux devant cette réalité. Le bon sens, ce n'est autre que de l'intelligence situationnelle. Et l'intelligence situationnelle, c'est comprendre le contexte et ses composantes pour être en mesure d'adapter son comportement et sa communication en conséquence. Les personnes dénuées de bon sens sont rarement des interrogateurs ou des négociateurs efficaces. Elles semblent être étanches aux signaux faibles et aux signaux forts. Par conséquent, elles capitalisent rarement sur l'expérience vécue.

Voici cependant quelques bons conseils à suivre.

Les questions *appât* et *filet* sont peu usitées en règle générale dans la vie de tous les jours. De ce fait, leur tournure peut parfois étonner ou déstabiliser les sujets qui s'y trouvent confrontés. La bonne nouvelle, c'est que les personnes sont rarement préparées à y répondre, ce qui profite à celui qui les pose. La mauvaise nouvelle, c'est qu'une utilisation répétée provoquera nécessairement la suspicion et la défense. De ce fait, il est préférable d'utiliser ces questions avec parcimonie pour bénéficier d'un effet optimal.

Les questions *ouvertes* sont à consommer sans modération. Permettant d'ouvrir et de relancer le débat, elles favorisent un lien empathique entre deux personnes. Plus vous en poserez, plus vous récolterez d'informations.

Les questions *fermées* sont à utiliser de façon chirurgicale. Elles sont nécessaires pour recueillir des données de type démographique et obtenir des confirmations sur des points spécifiques. En dehors de cela, tâchez de les éviter.

Sauf cas spécifiques, les questions *négatives* ont peu d'intérêt. Elles défavorisent plus l'interrogateur qu'elles ne lui profitent, donc écartez-les.

Les questions *implicatives*, *bizarres*, *régressives*, *clarifiantes* et *alternatives* sont efficaces quand elles sont utilisées pour servir un objectif précis. Par conséquent, il est préférable de s'en servir uniquement quand la situation le nécessite. Un usage répété peut éveiller la suspicion chez le sujet interrogé.

Et, pour finir, tant que l'interrogateur sera capable de faire preuve de créativité, il pourra utiliser librement les questions *piège*. Le seul risque identifié est la maladresse. Poser des questions piège coup sur coup, sans changer la tournure ou la formulation, provoquera à la fois la méfiance et la défiance du sujet.

SAVOIR RÉPONDRE AU MENSONGE

Il est des fois où le sujet campe sur ses positions, alors que tout porte à croire qu'il vous ment délibérément. Vous insistez pour qu'il reconsidère ses déclarations, mais rien n'y fait. C'est alors que vos émotions prennent le pas sur la raison et que la colère vous gagne. « Écoutez, j'ai suffisamment de preuves qui me confirment que vous me mentez ! Vous avez intérêt à me dire la vérité maintenant ! » Vous avez évacué le trop-plein émotionnel, vous vous sentez mieux. Quelles sont les chances pour que le sujet se soit livré suite à votre sortie ? Très faibles.

Comment répondre aux **agressions**

Certaines personnes, s'estimant acculées, deviennent agressives ou tentent de vous faire culpabiliser pour inverser la pression.

Voici un top 10 des « agressions » auxquelles je suis le plus souvent confronté en entretiens de tout type. Si vous y répondez correctement, vous continuerez de garder la main. Dans le cas contraire, vous pourrez être déstabilisé, ce qui profitera à l'autre.

Agression	Réponse adéquate
Vous me traitez de menteur ? !	Ces propos vous appartiennent. Je vous repose la question : comment expliquez-vous…
J'appelle mon avocat !	Pourquoi souhaitez-vous appeler votre avocat ?
Vous me prenez pour qui ? !	C'est-à-dire ?
Vous êtes en train de m'accuser, c'est bien ça ?	Qu'est-ce qui vous fait dire que je vous accuse ?
Vous n'avez aucune preuve !	Ne tirez pas de conclusions hâtives. Je vous repose la question.
Je n'arrive pas à le croire !	Silence.
Vous pensez réellement que je vais répondre à vos questions ?	Qu'est-ce qui vous empêche d'y répondre ?
Vous vous prenez pour qui, avec vos questions intrusives ?	Qu'est-ce qui vous semble intrusif ?

Si vous continuez à me poser ce genre de questions, je quitte cette pièce !	Quelles questions préférez-vous que je vous pose alors ?
Écoutez, j'en ai marre, on arrête de travailler ensemble dès aujourd'hui !	Cette décision vous appartient.

Verbaliser ouvertement que votre interlocuteur vous ment provoque généralement trois conséquences négatives.

La première, c'est la fermeture. Vous avez œuvré, depuis le début de l'entretien, à créer un climat collaboratif, propice au partage et aux aveux potentiels. En changeant radicalement d'attitude, vous provoquez la rupture entre votre interlocuteur et vous-même.

Deuxièmement, vous ouvrez la porte aux mensonges. C'est un fait avéré. Plus les sujets se sentiront menacés, plus ils seront enclins à user de la tromperie pour se protéger ou se défendre. C'est un instinct de survie.

Enfin, en brusquant un sujet pour le faire réagir, vous élevez naturellement le niveau de stress ambiant, ce qui se reflétera dans son comportement. Et un comportement sous l'emprise du stress rendra votre analyse comportementale d'autant plus difficile. Que mettre sur le compte de l'anxiété et du mensonge ?

Pour se prémunir de ces conséquences, il est préférable d'adapter sa communication et son comportement pour induire le changement chez l'autre, et ainsi espérer des aveux. J'ai mis en évidence les trois cas les plus fréquents de mensonges avérés et les réponses que je vous conseille d'apporter.

Réagir à la prétendue perte de mémoire

La perte de mémoire est, sans nul doute, la meilleure défense face à un interrogateur insistant. En prétextant une perte de mémoire, le sujet évite, d'une part, de commettre des faux pas, comme des contradictions, des anachronismes ou des incohérences, et, d'autre part, il ventile sa charge cognitive, ce qui lui permet d'afficher un comportement inaltéré. En effet, dire : « Je ne m'en souviens pas » ne requiert aucun effort cognitif, donc offre difficilement l'opportunité au menteur de se trahir.

Pour répondre efficacement au prétexte de la perte de mémoire, il faut sortir le sujet de son retranchement psychologique. Imaginez l'exemple suivant :

> – *Étiez-vous dans ce parc le 13 janvier dernier, c'est-à-dire il y a deux semaines de cela ?*
>
> – *Je ne m'en souviens pas.*

L'inclinaison naturelle nous pousserait à répondre : « Comment est-ce possible que vous ne vous en souveniez pas ? C'était il y a deux semaines ! » Malheureusement, sauf à vous soulager, cela sera très certainement peu productif. Pour une efficacité maximale, je vous conseille fortement, dans le cas présent, d'utiliser une question appât.

> – *Étiez-vous dans ce parc le 13 janvier dernier, c'est-à-dire il y a deux semaines de cela ?*
>
> – *Je ne m'en souviens pas.*
>
> – *Y aurait-il une raison pour que quelqu'un nous dise vous avoir vu ce soir-là dans le parc ?*

Dans de nombreux cas, la langue se délie après ce type de question !

Réagir aux déclarations contradictoires

Par moments, les sujets se trahissent en présentant des informations contradictoires ou radicalement différentes. L'individu en quête de vérité ne peut que se réjouir d'une telle aubaine.

Imaginez l'exemple suivant. Un sujet admet avoir volé 50 000 euros dans un premier temps, puis déclare 20 000 euros une heure plus tard. La différence est flagrante, mais le sujet ne semble pas s'être rappelé le premier montant communiqué.

Voici un exemple de réponse à faible valeur ajoutée : « Attendez, vous me dites 20 000 euros, alors qu'une heure plus tôt vous me disiez 50 000 euros. Vous n'êtes pas en train de me raconter des salades ? ! » Dans ce cas précis, vous faites perdre la face au suspect, ce qui le poussera très certainement à se renfermer ou à renchérir par des mensonges. De plus, par l'usage que vous faites d'une question fermée, il n'aura qu'à répondre : « Non, je vous jure que je vous dis la vérité. » Et vous serez bien avancé !

Il est important de maintenir la relation que vous avez établie, tout en poussant le sujet à s'expliquer face à ses contradictions. Voici une réponse plus adaptée que la précédente : « Vous me parlez de 20 000 euros. Il y a une heure, vous me confirmiez la somme de 50 000 euros. Aidez-moi à comprendre. Comment êtes-vous passé de 50 000 euros à 20 000 euros ? »

En formulant de la sorte, vous préservez le lien qui vous unit à votre interlocuteur, car vous ne reconnaissez pas directement qu'il vous ment. De plus, vous lui demandez de l'aide, ce qui lui permet de garder la tête haute. Et enfin, la question ouverte entraînera une réponse plus longue que dans le cas d'une question fermée, une occasion rêvée pour votre lecture comportementale.

Réagir aux déclarations incohérentes

Certaines fois, le menteur vous livre des informations en inadéquation avec celles en votre possession. Par conséquent, il devient nécessaire de faire parler le sujet de façon pertinente et adaptée afin d'apprécier non seulement la véracité de ses dires, mais également les informations que vous avez récoltées.

Imaginez l'exemple suivant. Le sujet prétend être resté une heure entière dans un café avec un ami, alors qu'un témoin déclare l'avoir vu trente minutes maximum.

Si vous exposez la version du témoin au suspect, ce dernier n'aura qu'à la nier. C'est pour cela que cette méthode est de piètre qualité.

Il existe de nombreuses méthodes pour évaluer la justesse des propos. En voici deux que j'utilise souvent.

La première consiste à poser la même question au moins deux heures plus tard. Dans un premier temps, vous posez la question : « Combien de temps êtes-vous resté dans le café avec votre ami ? » Une fois la réponse obtenue, vous la mémorisez et vous changez de sujet. Au moins deux heures plus tard, vous remettez de façon anodine le sujet sur la table en reposant la même question : « Avec ce que vous vous êtes dit, vous estimez être resté combien de temps dans le café ? » Dans bien des cas, si le menteur n'est pas préparé, vous obtiendrez une réponse différente.

La seconde méthode consiste à tourner la question différemment, toujours en prenant soin de la poser au moins deux heures plus tard, pour ne pas éveiller les soupçons. Reprenons le même exemple. Vous pourriez utiliser, dans un second temps, la formulation suivante : « Entre le moment où vous êtes entré dans le café et celui où vous en êtes sorti pour récupérer votre voiture, vous estimez qu'il s'est écoulé combien de minutes ? » La différence est subtile, mais cruciale. Même un menteur préparé pourra être déstabilisé par une formulation modifiée.

De même, si vous suspectez quelqu'un de mentir sur son âge, demandez-lui dans un premier temps : « Quel âge avez-vous ? » Laissez le temps faire son œuvre et interrogez-le un peu plus tard de la façon suivante : « J'ai oublié de vous demander, vous êtes né en quelle année ? » Si vous observez un temps de réponse plus long que pour la première question, vous pouvez avoir de sérieux doutes quant à l'âge annoncé. Les menteurs trichent sur leur âge en « fabriquant » leur nombre d'années, mais oublient de recalculer leur date de naissance.

Soyez créatif dans vos questions !

Contrer la **mauvaise foi**

Il est des moments où vous sentez que votre interlocuteur fait preuve de mauvaise foi flagrante. Il devient alors nécessaire de créer un électrochoc pour l'amener à changer de position.

Voici quelques techniques en vrac que vous pouvez utiliser isolément ou de façon incrémentale :

- demandez plus de détails et, quand vous en obtenez, demandez-en encore ;
- détournez le regard en inspirant profondément ;
- restez silencieux et fixez votre interlocuteur ;
- recourez à la plaisanterie : « Que diriez-vous de rester sérieux pendant les dix prochaines minutes ? » ;
- montrez que vous n'êtes pas dupe : « Je ne suis pas sûr d'avoir bien compris. Pouvez-vous me répéter ce que vous venez de dire ? » ;
- levez la séance si l'obstination persiste : « Écoutez, on va faire une pause. Je vais vous reposer la même question dans cinq minutes quand je reviendrai. Prenez bien le temps de réfléchir d'ici là » ;
- utilisez son nom de famille si vous l'appeliez jusque-là par son prénom.

Ces différentes méthodes sont à employer en fonction du contexte et des individus en face de vous, si vous décidez de faire preuve d'assertivité ou de plaisanterie.

ERREURS ET DANGERS : IDÉES REÇUES ET MÉCANISMES HUMAINS

❝ Il n'est rien au monde d'aussi puissant qu'une idée dont l'heure est venue. ❞

Victor Hugo

Vous vous souvenez des deux jambes fortes dont je vous parlais dans l'introduction du chapitre 3 ? Vous en êtes désormais doté ! L'une pour détecter et interpréter les indices comportementaux. L'autre pour extraire la vérité *via* le questionnement.

Cependant, la route vers la connaissance est semée d'embûches. Comme nous avons pu le voir, notre lucidité est parfois faussée par nos propres biais ou par la complexité d'une situation. Par conséquent, si nous appliquons des modèles à la lettre sans prendre en compte toutes les composantes d'un environnement ou d'une personne, notre perception peut, par moments, être mise à mal.

J'ai tenté de recenser les principales erreurs et mises en garde pour tâcher de garder le recul nécessaire en toutes circonstances, et ainsi conserver une perception éclairée sur le monde.

ASSOCIER LE STRESS AU MENSONGE EST UNE GROSSIÈRE ERREUR

Êtes-vous nerveux quand vous passez un entretien d'embauche ? Fort probablement. Mentez-vous pour autant ? Non. Bon nombre de situations, de par leur nature, élèvent le niveau de stress des personnes, provoquant des comportements erratiques et des réponses physiologiques soudaines. L'erreur fréquente est d'associer ces indicateurs au mensonge. Encore une fois, un innocent pris de peur à l'idée d'être accusé à tort émettra des signaux comparables à un coupable accusé à raison. Il est donc nécessaire de séparer les indices liés au stress de ceux liés au mensonge. C'est la façon dont vous mènerez votre entretien qui vous permettra de voir à travers la brume. Vous devez donner au menteur l'opportunité de se trahir lui-même, donc soyez créatif et attentif.

PRENDRE GARDE AUX BONS ACTEURS

Certaines personnes sont particulièrement douées pour simuler leurs émotions. Ce sont les acteurs. Sachant que leur métier consiste à camper un rôle qui n'est pas le leur, ils apprennent à s'investir personnellement et émotionnellement selon les besoins de la production. La caméra impliquant une performance parfaite, ils développent une extraordinaire habileté à reproduire les composantes de la vérité. C'est notamment le cas pour les expressions faciales, puisqu'ils sont capables d'activer, sans faille, les bons muscles du visage. Par conséquent, les acteurs sont de bons menteurs, voire d'excellents menteurs. Sont-ils pour autant impossibles à lire ? Pas du tout. S'ils sont particulièrement à l'aise concernant le non-verbal, ils ne le sont pas forcément vis-à-vis du verbal et du paraverbal.

FAIRE ATTENTION AUX MENTEURS EXPÉRIMENTÉS

Quand vous êtes capable d'apprendre de l'expérience, vous grandissez. C'est le lot des menteurs expérimentés. À force de tromper leur entourage sans se faire démasquer, ils gagnent en expertise et en confiance. L'expertise leur permet de redoubler d'ingéniosité dans la création du mensonge. La confiance, quant à elle, érode l'appréhension de la détection. C'est un phénomène psychologique naturel. Moins vous vous sentez en danger, plus vous êtes à l'aise. Par conséquent, le corps émettra des indices de stress moins perceptibles, ce qui rendra la lecture d'autant plus difficile.

CONNAÎTRE LE MODE DE FONCTIONNEMENT DES PSYCHOPATHES

Les psychopathes font partie des personnalités dyssociales. On estime leur prévalence autour de 1 %, ce qui veut dire qu'un individu sur cent présente des symptômes psychopathiques. La psychopathie se caractérise par une absence d'empathie, un manque flagrant de culpabilité, une carence prononcée de remords et un don pour la manipulation. Ces personnes ne servent que leur propre intérêt et sont avides de pouvoir. Elles usent volontairement du mensonge pour satisfaire leurs objectifs, et prennent un malin plaisir à tromper leur entourage par pure délectation. Tous ces traits de caractère contribuent à faire de ces prédateurs des personnes difficiles à lire. Sachant qu'elles ne ressentent pas de culpabilité et que, dans bien des cas, elles rationalisent la gravité de leurs actes, leur appréhension de la détection est quasiment nulle. Tout comme avec les acteurs, il est souvent nécessaire de se focaliser sur le verbal et le paraverbal pour les démasquer.

AVOIR CONSCIENCE DE LA *PSEUDOLOGIA FANTASTICA*... OU LA MYTHOMANIE MALADIVE

La mythomanie est un trouble comportemental répandu aussi bien chez les hommes que chez les femmes. Se caractérisant par des mensonges compulsifs, le sujet altère la réalité à chaque instant, entremêlant sans arrêt fiction et vérité. Relevant de la maladie, le mythomane ment sans motivation particulière et sans en avoir pleinement conscience. C'est simplement son mode d'expression. Face à ce type de personne, détecter le mensonge est souvent une tâche ardue, les semblants de vérité étant rapidement ensevelis sous des couches de mensonges. Fort heureusement, la prévalence de ces individus reste rare.

ATTENTION AUX PHOTOS !

Souvent, je reçois des photos que l'on me demande d'analyser. Ma réponse est toujours la même : « Je n'en sais rien et on ne peut pas savoir. » Les photos sont, par définition, statiques. Elles capturent un instant volé qui peut signifier des milliers de choses différentes. Par exemple, vous prenez en photo une personne qui éternue. Si la photo est prise au début de la production de l'éternuement, vous en conclurez très certainement que la personne est en détresse ou ressent du chagrin. Les muscles sont sollicités comme dans le cas du chagrin, sauf que la personne éternue simplement. Je pourrais vous citer des centaines d'autres exemples similaires. Gardez à l'esprit que l'instant saisi peut révéler une émotion particulière, comme tout simplement l'idiosyncrasie d'une personne. Et si vous corrélez traits physiques et traits de personnalité, votre analyse sera sûrement fausse.

SAVOIR QUE CERTAINS SONT CONVAINCUS

C'est probablement l'erreur que je redoute le plus en lecture comportementale. Un individu, qui se persuade lui-même d'avoir vécu une situation fictive, manifeste une conviction et des comportements comparables à ceux d'une situation réellement vécue. Le mensonge devenant une vérité aux yeux d'une personne convaincue, tout son être agit en congruence parfaite, rendant la lecture comportementale particulièrement difficile. Il conviendra alors de chercher des incohérences et des contradictions dans le contenu des déclarations pour espérer trouver le mensonge.

SE MÉFIER DES CONTRE-MESURES

Certains menteurs profitent des idées reçues pour adopter des comportements que le détecteur interprétera comme honnêtes. Comme nous avons pu le voir, le contact oculaire est considéré par beaucoup comme un indicateur fiable d'honnêteté et de confiance. Par conséquent, conscient de ce préjugé, le menteur augmentera volontairement le contact oculaire pour paraître plus crédible. Les psychopathes, par exemple, usent fréquemment de cette contre-mesure pour manipuler leur entourage. D'autres multiplient les sourires ou les marques d'attention pour s'attirer les bonnes grâces des personnes qu'ils côtoient. Afin de relativiser l'importance des contre-mesures, précisons qu'il est absolument impossible de contrôler l'ensemble de son corps quand on ment. Le mensonge fuite toujours par un endroit ou par un autre.

Vive le **mentaliste** *!*

Il y a peu de temps, suite à une conférence que je donnais sur la lecture comportementale, une personne est venue à ma rencontre pour me proposer ses services. Voici littéralement le contenu de notre conversation.

– Monsieur Mery, j'ai été bluffé par votre conférence.

– Je vous remercie.

– Je travaille moi-même sur le sujet et je pense que mes services pourraient vous intéresser.

– Ah bon ? Dites-m'en plus.

– Comme vous, je forme sur le sujet, enfin je m'y mets.

– D'accord. Vous faites quoi exactement dans la vie ?

– Je répare des ascenseurs, mais depuis trois ans, j'ai appris à détecter le mensonge.

– Je peux vous demander comment ?

– En regardant la série *Le Mentaliste*. J'ai vu tous les épisodes et j'ai énormément appris. Du coup, j'ai monté une formation sur le sujet et je pense que ça pourrait vous intéresser.

– …

Si cet exemple peut faire sourire, ce n'est malheureusement pas un cas isolé. Bien évidemment, le but n'est pas de critiquer la bonne volonté de certaines personnes. Simplement de vous sensibiliser à la réalité du marché. De nombreux individus, en quête de renouveau ou touchés par la grâce des séries américaines, décident de devenir « coaches comportementalistes » ou « experts » en détection du mensonge. Mais leur savoir ne bénéficie d'aucune expertise, et leur expérience ne va pas plus loin que leur écran TV.

Si jamais vous souhaitez réellement progresser sur le sujet, renseignez-vous avant tout sur l'expérience du formateur et exigez des références. Cela vous évitera quelques déconvenues…

NE PAS LAISSER LA CHIRURGIE ESTHÉTIQUE FAUSSER LA DONNE

Je n'aurais jamais pensé écrire une rubrique sur le sujet avant de commettre une erreur, suite à l'analyse d'un sujet ayant bénéficié de chirurgie esthétique. J'ai été un jour contacté par un banquier. Il souhaitait vérifier la crédibilité des émotions ressenties par une personne filmée à son insu pendant un mariage. Je conclus que la tristesse était simulée, en raison de l'absence de rides au milieu du front et de l'inamovibilité des sourcils. Quelque temps plus tard, le banquier me rappela pour me dire que mon analyse était fausse. Et il avait raison. Je m'étais trompé. Il avait récupéré des preuves tangibles permettant de valider la crédibilité de la tristesse. Il m'apporta également une autre information. Cette personne avait eu recours à plusieurs opérations chirurgicales pour étirer la peau au niveau de la zone supérieure de son visage. J'avais commis une erreur, sans conséquence fort heureusement, mais je m'étais tout de même trompé. Que mon erreur vous serve. Faites attention aux visages refaits !

Le syndrome de Münchhausen

Certaines personnes sont prêtes à tout pour s'attirer la compassion.

Le syndrome de Münchhausen est un terme utilisé en psychiatrie pour décrire les individus qui ressentent l'irrépressible besoin de simuler des maladies ou autres troubles afin d'être le centre d'attention.

Cette appellation est une référence au fameux baron de Münchhausen, héros populaire de la littérature allemande, connu pour ses frasques et aventures extraordinaires. Parmi ses exploits, il aurait atteint la Lune, assis sur un boulet de canon, et aurait eu la chance de danser avec Vénus. Rien que ça !

Les malades souffrant de ce syndrome prétendent avoir des pathologies graves, souvent rares et incurables, nécessitant des traitements de longue durée, et, par voie de conséquence, une attention constante. Nombreux sont ceux qui parviennent à tromper le corps médical. Certains poussent le bouchon jusqu'à étudier en détail les manifestations de maladies afin d'être capables de les reproduire à l'identique. N'hésitant pas à passer sur la table d'opération, les plus atteints ont souvent le corps couvert de cicatrices.

Il existe un autre cas dérivé de ce syndrome. *Le syndrome de Münchhausen par procuration* consiste à rendre une personne malade, généralement son propre enfant, afin d'attirer l'attention des autres. L'adulte va réussir à convaincre sa progéniture qu'elle ressent des symptômes nécessitant une intervention médicale. Se développe alors une emprise psychologique forte sur l'enfant qui finira par conditionner son corps afin de le rendre malade. Certains vont jusqu'à administrer des drogues pour reproduire les manifestations de la véritable maladie.

ENVISAGER LA « CAUSE JUSTE »

Quand des individus malhonnêtes se sentent investis d'une cause qu'ils considèrent comme juste, ils adoptent à la fois des attitudes et des réponses les rendant difficiles à lire. Prenez, par exemple, la construction d'une usine polluante à l'entrée d'un petit village médiéval. Depuis quelques jours, les actes de vandalisme se font de plus en plus fréquents, et vous savez qu'ils émanent d'une seule et même personne. En interrogeant les habitants, vous vous apercevez que personne ne condamne ces délits, car ils les jugent nécessaires et même courageux, l'usine dénaturant le paysage. Aucun habitant ne ressentira donc de culpabilité, de gêne ou de honte, et le criminel ne pourra que se satisfaire de cette situation, à votre grand désarroi si vous êtes le propriétaire de l'usine.

COMMENT PROGRESSER DANS LA DÉTECTION DU MENSONGE

"*La folie, c'est se comporter de la même manière et s'attendre à un résultat différent.*"

Albert Einstein

COMMENT PROGRESSER DANS LA DÉTECTION DU MENSONGE

J'ai décidé de consacrer ce dernier chapitre à la progression personnelle. Si rien ne remplace l'apprentissage par l'expérience, certaines actions permettent cependant d'amplifier et d'accélérer les connaissances acquises. C'est mettre le corps et l'esprit dans les meilleures prédispositions pour grandir plus rapidement. Éviterez-vous pour autant les erreurs ? Non, et j'ajouterai : « Heureusement ! » Si l'erreur est parfois coûteuse, elle permet de se dépasser par la suite. Les échecs ont toujours moins d'amertume quand ils sont porteurs de sens. Et la saveur que vous leur donnerez ne dépendra que de vous. Soit, par phénomène de dissonance cognitive, vous blâmerez les circonstances pour sortir la tête haute. Soit vous verrez en votre erreur une opportunité, pour tâcher de ne pas la reproduire. Ce n'est qu'en la décortiquant pour en extraire les causes que vous progresserez. Et là, vous ferez preuve d'humilité.

Tous les conseils figurant ci-dessous sont les méthodes et actions auxquelles j'ai eu recours pour progresser. D'ailleurs, j'en utilise encore certaines aujourd'hui, même après vingt ans de pratique. C'est avant tout un état d'esprit, comme une hygiène de vie. Si ces « recettes » diffèrent les unes des autres, elles nécessitent néanmoins toutes deux valeurs fondamentales : la curiosité et la résilience.

Si le regard que vous portez sur le genre humain n'est pas animé de curiosité bienveillante, alors vous passerez très certainement à côté de bon nombre de choses. Être curieux ne signifie pas simplement observer attentivement. Cela va bien au-delà. Être curieux implique d'adopter une attitude résolument tournée vers l'autre, qui passe aussi bien par le regard porté que par l'intérêt réel. Les personnes égocentriques sont de très mauvais détecteurs de mensonges, par exemple. Elles se forcent à observer attentivement quand on leur demande de le faire. Mais leur nature les empêchant de s'investir véritablement dans leur démarche, leur attention se détourne rapidement quand des efforts sont à fournir. La curiosité s'accompagne d'empathie, car il est souvent nécessaire de comprendre l'autre pour ne pas le juger. Le jugement brouille forcément la lecture, qu'on l'accepte ou pas.

La résilience, quant à elle, est la faculté de surmonter les épreuves. La lecture comportementale imposant une pratique de longue haleine et régulière, celui qui flanche en début de parcours est condamné à échouer. Il faut donc du courage et de la persévérance pour se relever après chaque déconvenue. C'est un travail sur soi, parfois frustrant, mais tellement gratifiant.

METTEZ EN PLACE UN SYSTÈME DE BINÔME

Une des principales difficultés, dans le cadre de la détection du mensonge, est de porter un regard attentif sur des indices de tromperie potentiels tout en conduisant l'entretien, la négociation ou l'interrogatoire. À cela s'ajoute le facteur émotionnel si l'interview est particulièrement complexe et intense. Vous tentez, tant bien que mal, de maîtriser vos émotions qui vous submergent, au détriment de l'attention nécessaire qu'il faudrait porter au sujet interrogé. En négociation, vous sollicitez constamment vos facultés cognitives pour ne pas perdre votre objectif de vue, tout en passant en revue dans votre tête la stratégie fixée par votre patron avant le rendez-vous, et vous oubliez de vous concentrer sur votre interlocuteur qui vous menace depuis dix minutes maintenant. Bref, conduire deux actions simultanément n'est pas chose facile.

Il m'a fallu près de cinq ans pour être capable de mener ces deux actions de front et plus de dix ans pour que cela devienne un automatisme. Pendant toute la période d'apprentissage, je sollicitais au maximum la présence d'un binôme. L'un conduisait la négociation, l'interrogatoire ou l'entretien, et l'autre observait en prenant des notes. Les rôles changeaient selon les besoins, le profil et le contexte. Avec le temps, la présence du binôme s'est estompée, les actions sont devenues des réflexes et l'œil s'est calibré naturellement. Faites cet exercice, vous progresserez sereinement et convenablement.

COUPEZ LE SON... POUR MIEUX VOIR

Voici un bon exercice à faire lorsque vous êtes assis confortablement devant votre télévision : couper le son ! Choisissez un film ou une série que vous ne connaissez pas, et concentrez-vous sur les expressions faciales et le comportement des acteurs. Le but est de comprendre entièrement l'histoire et les intrigues, simplement en observant les images dénuées de son. C'est un des meilleurs exercices pour progresser sur l'aspect non verbal. De plus, avec le temps, vous lirez beaucoup plus facilement sur les lèvres, ce qui est une qualité inestimable dans bien des situations. Également, dans une moindre mesure, les séries B vous paraîtront plus intéressantes sans le son qu'avec le son.

ALLEZ CHERCHER LE RETOUR D'EXPÉRIENCE

Une des difficultés majeures dans la détection du mensonge est de parvenir à obtenir la vérité finale. Dans bien des cas, nos présomptions, même les plus fondées, gardent un caractère hypothétique, tant que la vérité n'a pas été révélée au grand jour. Du coup, comment vérifier notre analyse ? La réponse est que, malheureusement, vous ne pouvez pas. Seule la vérité nue permet de confirmer ou d'infirmer une analyse. Deux options s'offrent alors à vous. Soit accepter ce constat avec fatalisme, soit tenter d'obtenir la vérité coûte que coûte. Il existe de nombreuses méthodes légales qui n'auront de limite que le fruit de votre imagination. En négociation par exemple, afin de vérifier mes hypothèses dans le cadre de l'analyse de crédibilité d'ultimatums, je faisais en sorte de me rapprocher d'une manière ou d'une autre d'une personne proche de celui qui avait formulé les menaces pour obtenir ces informations cruciales. Et dans 80 % des cas, cela fonctionnait. Il fallait simplement beaucoup d'ingéniosité, de patience et de persévérance.

> **À noter**
>
> Sans retour d'expérience, vos analyses restent le fruit de votre propre perception. Votre cuir s'épaissit tout de même, mais il est constitué d'informations fausses et vraies, sans possibilité de distinguo. Vous développerez alors des réflexes analytiques qui pourront s'avérer pertinents par moments, ou totalement inappropriés dans d'autres cas.

Avec le retour d'expérience, vos hypothèses sont confrontées à l'épée de vérité. Vous progressez donc en capitalisant sur vos erreurs, que vous savez corriger, et vos succès, sur lesquels vous pouvez vous appuyer.

OBSERVEZ LES BÉBÉS !

Si vous êtes jeune maman ou jeune papa, au lieu de balader votre progéniture en faisant trois choses à la fois, concentrez-vous sur son visage. Un bébé n'a pas encore été touché par le vernis social. Ses expressions d'émotion sont donc spontanées, sans processus de retenue particulier. Regardez alors son action musculaire quand il traduit la joie, la colère, la surprise, la peur ou la tristesse. Portez une attention particulière aux sourcils, aux paupières, au front et aux commissures des lèvres. Comme les bébés expriment intensément leurs émotions, elles se traduisent tout aussi fortement sur leur visage. C'est un formidable moyen de se familiariser avec l'activation musculaire des expressions faciales d'émotions.

INSPIREZ-VOUS DE DISNEY® ET PIXAR®

Il faut l'admettre, les superproductions Disney® et Pixar® sont particulièrement réalistes. Et chaque année, c'est un pas supplémentaire vers la perfection. Les mouvements du corps, les gestes, les expressions faciales, l'activation buccale à chaque mot prononcé, tout tend à se rapprocher parfaitement de l'homme que nous connaissons. Au-delà du fait qu'ils sont particulièrement doués, les dessinateurs ont appris et compris le fonctionnement complet de l'être humain. Pourquoi regarder des Disney® ou des Pixar® ? Simplement parce que les expressions faciales sont souvent très prononcées et que les visages bénéficient de gros plans. Cela contribue à l'humour des films. La peur, par exemple, est généralement traduite par un plan soudain de la bouche au front, faisant apparaître une bouche ouverte et rétractée, des sourcils relevés, des rides sur le front, la paupière inférieure tendue et la paupière supérieure relevée. Un cri strident accompagne ce visage d'effroi et tous les enfants se mettent à rire. Cela fait partie de la magie de ces films. Pour qu'ils soient encore plus magiques pour vous, regardez les expressions faciales !

LANCEZ-VOUS DANS L'APPRENTISSAGE PROGRESSIF

La lecture comportementale est tellement dense et riche qu'il est impossible de tout apprendre d'une seule traite, d'autant plus que nous sommes encore loin d'avoir découvert toutes les facettes du fonctionnement de l'être humain. À titre comparatif, ce serait tenter de retenir avec votre seul corps les milliers de tonnes d'eau s'échappant d'un barrage, dont les contreforts viendraient de céder.

Pour éviter de perdre pied, il est préférable, dans un premier temps, de se focaliser sur un groupe d'éléments, que l'on nommera *clusters*. Par exemple, les bras et la pupille. Ensuite, vous ajoutez un *cluster* supplémentaire, puis encore un autre, et ainsi de suite. L'apprentissage progressif permet d'établir des paliers et de laisser suffisamment de temps à l'œil et au cerveau pour intégrer des automatismes.

UTILISEZ LES OUTILS DE PAUL EKMAN

Si vous souhaitez progresser dans l'apprentissage des micro-expressions, je ne peux que vous recommander les outils développés par Paul Ekman. Directement accessibles sur son site (www.paulekman.com), ils sont tous complémentaires et de difficulté variable. De plus, dans la plupart des cas, vous bénéficierez de la voix de Paul Ekman qui vous livrera son regard d'expert.

Avec de la pratique, vous serez capable de détecter et de reconnaître toutes les micro-expressions des exercices avec une justesse supérieure à 95 %.

Ekman METT 3.0

C'est le passage obligé pour se familiariser avec les micro-expressions. Vous travaillez sur des profils issus de six ethnies différentes.

Ekman SETT 3.0

Après METT 3.0, vous pouvez passer sur SETT 3.0. Dans cet exercice, les micro-expressions sont subtiles, donc plus difficiles à capter. De plus, l'action musculaire concerne simplement une partie du visage.

Ekman METT Profile

Quand vous vous serez familiarisé avec les micro-expressions de face, essayez METT Profile pour apprendre à les reconnaître sur des sujets de profil.

Ekman METT PLUS

Ce dernier exercice est le plus difficile et n'est à conseiller qu'à ceux particulièrement à l'aise sur le sujet. Les micro-expressions sont très rapides et l'intensité est plus faible.

CONCLUSION

J'espère sincèrement que vous aurez pris autant de plaisir à lire cet ouvrage que j'en ai eu à l'écrire. Apprendre à détecter le mensonge, c'est à la fois plonger dans les méandres de l'être humain et faire un pas vers la compréhension des ressorts psychologiques qui peuvent l'animer. Si l'expérience ne peut être traumatisante, elle éveille cependant l'esprit à de nouveaux paradigmes. Parfois, vous aurez l'impression de vous élever au-dessus de la masse, en interprétant correctement ce qui peut passer sous le nez de la plupart des gens. Parfois, vous vous maudirez de ne pas avoir été capable de repérer un mensonge aux conséquences significatives. Quoi qu'il en soit, vous aurez avancé. Un peu plus vers la vérité.

ÉTABLIR L'IDIOSYNCRASIE D'UN INDIVIDU

			Niveau			Explications
VERBAL	Stock verbal	Pauvre	Moyen	Riche		Le vocabulaire utilisé est-il riche ?
	Détails	Peu	Moyen	Beaucoup		Raconte avec beaucoup ou peu de détails
	Ellipses	Peu	Moyen	Beaucoup		Ellipse du pronom : sais pas, veux pas...
	Termes généraux	Peu	Moyen	Beaucoup		Jamais, souvent, rarement, habituellement...
	Politesse	Faible	Normale	Élevée		Quel est le degré de politesse de l'individu ?
	Possession	Faible	Normale	Élevée		Utilise la possession : moi, je, mes, mon...
PARAVERBAL	Débit	< 125	Entre 125 et 150	> 150		Nombre de mots (m) débités par minute
	Tonalité	Aiguë	Neutre	Grave		Quelle est la tonalité de la voix ?
	Temps de réponse	> 2 sec	Entre 1 et 2 sec	< 1 sec		Quel est le temps de réponse à une question ?
	Erreurs de prononciation	Peu	Moyen	Beaucoup		L'individu fait-il des erreurs de prononciation ?
	Fréquence des pauses	Faible	Moyenne	Élevée		Nombre de pauses sur une minute de temps
	Durée des pauses	Faible	Moyenne	Élevée		Durée des pauses sur une minute de temps
	Combleurs non verbaux	Peu	Moyen	Beaucoup		hum, ben, pfff...
	Longueur des réponses	Courte	Moyenne	Importante		L'individu use de réponses courtes ou longues ?
NON-VERBAL	Attitude	Affable	Neutre	Réservée		Quelle est l'attitude générale de l'individu ?
	Illustrants	Un peu	Moyen	Beaucoup		Utilise-t-il beaucoup sa gestuelle ?
	Manipulatoires	Un peu	Moyen	Beaucoup		Passe-t-il ses mains sur son visage, front ou cou ?
	Bloqueurs	Un peu	Moyen	Beaucoup		Utilise-t-il ses mains, jambes ou bras comme bouclier ?
	Proxémie	Courte	Moyenne	Longue		Quelle distance entretient-il avec les gens ?
	Tortillement	Un peu	Moyen	Beaucoup		Reste-t-il en place ou se tortille-t-il sans arrêt ?
	Déglutition	Un peu	Moyen	Beaucoup		Quelle est sa fréquence de déglutition ?
	Contact oculaire	Faible	Moyen	Élevé		Maintient-il le contact oculaire ?
	Clignement des yeux	> 8 fois/min	5 à 8 fois/min	< 5 fois/min		Quelle est la fréquence du clignement ?
PARTICULARITÉS	Visage					
	Corps					
	Émotion					
TICS	Faciaux					
	Comportementaux					

TABLE DES RUBRIQUES

- L'aphasie peut améliorer vos compétences à détecter le mensonge   36
- Les « naturels », ça existe vraiment ?   38
- À votre avis, qui sont les meilleurs ?   45
- Est-il réellement plus facile de lire les enfants ?   48
- Mieux vaut regarder dans les yeux   51
- Quand la médecine pactise avec le racisme...   58
- Le sérum de vérité existe bel et bien !   65
- Top 10 des déclarations de menteurs   103
- La PNL et la direction du regard   145
- Donnez un pourboire au croupier !   151
- Observer la bouche pour éviter de confondre certaines expressions   176
- Nictation, bâillement et déglutition   178
- Qui ment au final : l'interrogateur ou le suspect ?   186
- Mieux vaut être beau, en bonne santé et bien habillé   195
- Comment créer un lien empathique   200
- La méthode CSD   205
- Comment répondre aux agressions   219
- Contrer la mauvaise foi   224
- Vive le mentaliste !   231
- Le syndrome de Münchhausen   233

BIBLIOGRAPHIE

- Reginald Adams, Nicholas Rule, Robert Franklin, Elsie Wang, Michael Stevenson, Sakiko Yoshikawa, Mitsue Nomura, Wataru Sato, Kestutis Kveraga, Nalini Ambady, "Cross-Cultural Reading the Mind in the Eyes : an fMRI Investigation", *Journal of Cognitive Neuroscience*, janvier 2010.
- American Psychiatric Association, *Diagnostic and Statistical Manual of Mental Disorders*, American Psychiatric Association, 2000.
- Stéphane Bourgoin, *Serial killers*, Grasset, 2011.
- David Camp, *Exposing Lies*, 1st Books Library, 2003.
- Robert Cialdini, *Influence et manipulation*, First Éditions, 2004.
- Antonio Damasio, *L'Erreur de Descartes*, Odile Jacob, 2010.
- Charles Darwin, *The Descent of Man and Selection in Relation to Sex*, John Murray, Londres, 1871.
- Charles Darwin, *The Expression of Emotion in Man and Animals*, 1872.
- Richard Davidson, *The Emotional Life of your Brain*, Hodder, 2013.
- Bella DePaulo, Deborah Kashy, Susan Kirkendol, Melissa Wyer, Jennifer Epstein, "Lying in Everyday Life", *Journal of Personality and Social Psychology*, 1996.
- Duchenne de Boulogne, *Physiologie des mouvements démontrée à l'aide de l'expérimentation électrique et de l'observation clinique, et applicable à l'étude des paralysies et des déformations*, J.-B. Baillière, 1867.
- Paul Ekman, *Emotion in the Human Face*, Pergamon Press, 1972.
- Paul Ekman, Maureen O'Sullivan, "Who can catch a Liar ?", *American Psychologist*, vol. 46(9), septembre 1991, pp. 913-920.
- Paul Ekman, Frank O'Sullivan, "A few can catch a Liar", *Psychological Science*, vol. 10, N° 3, mai 1999.
- Paul Ekman, Wallace Friesen, *Unmasking the Face*, Malor Books, 2003.
- Paul Ekman, *Emotions Revealed*, Times Books, 2003.
- Paul Ekman, *Darwin and Facial Expression*, Malor Books, 2006.
- Paul Ekman, *Je sais que vous mentez !*, Michel Lafon, 2010.
- Eitan Elaad, "Detection of Deception : a Transactional Analysis Perspective", *Journal of Psychology*, n° 127, 1993.
- Nidia Elley, "To Tell the Truth", *Psychology Today*, septembre 2001, p. 88.
- Charles Ford, *Lies ! Lies !! Lies !!!*, American Psychatric Press, 1996.
- Steve Forte, *Read the Dealer*, RGE, 1986.
- Sigmund Freud, *Collected Papers*, Basic Books, 1959.
- Ervin Goffman, *The Presentation of Self in Everyday Life*, Anchor Books Edition, 1959.
- Ervin Goffman, *Behavior in Public Places : Notes on the Social Organization of Gatherings*, The Free Press, 1963.

BIBLIOGRAPHIE

- Daniel Goleman, *Emotional Intelligence*, Bantam Books, 1995.
- Pierre Gratiolet, *De la physionomie et des mouvements d'expression*, Bibliothèque d'éducation et de récréation, Paris, 1865.
- Edward Hall, *The Hidden Dimension*, Anchor, 1990.
- Jinni Harrigan, Robert Rosenthal, Klaus Scherer, *The New Handbook of Methods in Nonverbal Behavior Research*, Oxford University Press, 2008.
- Eckhard Hess, *The Tale-Tell Eye*, Van Nost. Reinhold, 1975.
- John Hess, *Interviewing and Interrogation for Law Enforcement*, Anderson Publishing, 1997.
- Fred Inbau, John Reid, Joseph Buckley, *Criminal Interrogations and Confessions*, William & Wilkins, 1986.
- Benjamin Kleinmuntz, *Essentials of Abnormal Psychology*, Harper & Row, 1974.
- Mark Knapp, *Non-Verbal Communication*, Holt, Rinehart and Winston, 1972.
- Robert Kraut, "Verbal and Nonverbal Cues in the Perception of Lying", *Journal of Personality and Social Psychology*, n° 36, 1978.
- Robert Kraut, Donald Poe, "Behavioral Roots of Person Perception : the Deception Judgments of Customs Inspectors and Laymen", *Journal of Personality and Social Psychology*, n° 39, 1980.
- Robert Kraut, Donald Poe, "Humans as Lie Detectors : some Second Thoughts", *Journal of Communication*, 1980.
- John Krebs, Richard Dawkins, *Animal Signals : Mind Reading and Manipulation in Behavioral Ecology*, Krebs, Davies, Sutherland and Sinauer, 1984.
- Joseph LeDoux, *The Emotional Brain*, Phoenix, 1999.
- Elizabeth Loftus, "Leading Questions and Eyewitness Report", *Cognitive Psychology*, n° 7, 1974.
- David Lykken, "The Validity of the Guilty Knowledge Technique : the Effects of Faking", *Journal of Applied Psychology*, n° 44, 1960.
- Samantha Mann, Aldert Vrij, Ray Bul, "Suspects, Lies and Videotapes : an Analysis of Authentic High Stake Liars", *Law and Human Behavior*, n° 26, 2002.
- David Matsumoto, Hyi Sung Hwang, Lisa Skinner, Mark Frank, *Evaluating Truthfulness and Detecting Deception*, FBI Law Enforcement Bulletin, juin 2011.
- Albert Mehrabian, *Nonverbal Communication*, Aldine-Atherton, 1972.
- Christian Meissner, Saul Kassin, "He's Guilty ! : Investigator Bias in Judgments of Truths and Deception", *Law and Human Behavior*, vol. 26, 2002.
- Marwan Mery, *Manuel de négociation complexe*, Eyrolles, 2013.
- Desmond Morris, *The Naked Ape*, Vintage, 1994.
- Desmond Morris, *Peoplewatching*, Vintage, 2002.
- Maureen O'Sullivan, "The Fundamental Attribution Error in Detecting Deception : the Boy-Who-Cried-Wolf Effect", *Personality and Social Psychology Bulletin*, n° 29, 2003.
- Stephen Porter, John Yuille, "The Language of Deceit : an Investigation of the Verbal Clues to Deception in the Interrogation Context", *Law and Human Behavior*, n° 20, 1996.

- David Raskin, Robert Hare, "Psychopathy and Dectection of Deception in a Prison Population", *Psychophysiology*, n° 15, 1978.
- Richard Rogers, *Clinical Assessment of Malingering and Deception*, 3e édition, The Guilford Press, 2008.
- Robert Rosenthal, *Experimenter Effects in Behavioural Research*, Irvington, New York, 1976.
- Oliver Sacks, *The Man Who Mistook His Wife for a Hat*, Summit Books, 1985.
- Anna Salter, *Predators*, Basic Books, 2003.
- Martin Schaefer, Graeme Ruxton, "Deception in Plants : Mimicry or Perceptual Exploitation ?", *Trends in Ecology & Evolution*, n° 24, 2009.
- Siegfried Ludwig Sporer, "The Less Travelled Road to Truth : Verbal Cues in Deception Detection in Accounts of Fabricated and Self-Experienced Events", *Applied Cognitive Psychology*, n° 11, 1997.
- Leif Strömwall, Pär Anders Granhag, "Affecting the Perception of Verbal Cues to Deception", *Applied Cognitive Psychology*, n° 17, 2003.
- Bruno Verschuere, Gershon Ben-Shakkar, Ewout Meijer, *Memory Detection*, Cambridge University Press, 2011.
- Aldert Vrij, Mark Baxter, "Accuracy and Confidence in Detecting Truths and Lies in Elaborations and Denials : Truth Bias, Lie Bias and Individual Differences", *Expert Evidence*, n° 7, 1999.
- Aldert Vrij, "Implicit Lie Detection", *The Psychologist*, N° 14, 2001.
- Aldert Vrij, "Why Professionals Fail to Catch Liars and How they Can Improve", *Legal and Criminological Psychology*, n° 9, 2004.
- Aldert Vrij, *Detecting Lies and Deceit*, Wiley-Blackwell, 2008.
- Z. Zhu, P. Tsiamyrtzis, I. Pavlidis, "Forehead Thermal Signature Extraction in Lie Detection", http://www.ncbi.nlm.nih.gov/pubmed/18001935, 2007.
- Miron Zuckerman, Bella DePaulo, Robert Rosenthal, *Verbal and Nonverbal Communication of Deception*, Academic Press, Advances in Experimental Social Psychology, 1981.
- Miron Zuckerman, Richard Koestner, Audrey Alton, "Learning to Detect Deception", *Journal of Personality and Social Psychology*, n° 46, 1984.

LECTURES COMPLÉMENTAIRES

- Paul Ekman, *Emotions Revealed*, Times Books, 2003.
- Paul Ekman, Wallace Friesen, *Unmasking the Face*, Malor Books, 2003.
- Paul Ekman, *Je sais que vous mentez !*, Michel Lafon, 2010.
- Marwan Mery, *Manuel de négociation complexe*, Eyrolles, 2013.
- Desmond Morris, *Peoplewatching*, Vintage, 2002.

INDEX

A
affaire
    Cahuzac 57
    James Holmes 66
altération 26, 28, 47, 71
amour-propre 197
amplificateur comportemental 53, 141, 199
anachronisme 69, 208, 221
anxiété 68
aphasie 36
    de Broca 36
    de Wernicke 36
asynchronisme 75, 81, 86
autoconfirmation 127
autodérision 118

B
bâillement 179
Bandler Richard 145
baseline 78, 94, 100, 140
bébés 240
biais
    de confirmation 194
    verbal 102
Bickerton Derek 102
bienveillance 24, 29, 31, 33, 84
black jack 16, 90, 110, 151
blêmissement 180
bon sens 64, 194, 217
bras 143, 146, 149, 242

C
cataplexie 91, 169
chaise 199
charge cognitive 29, 69, 72, 133, 207, 221
chirurgie esthétique 232
CHUC 87, 91, 140
clignement des yeux 70, 106, 171, 178
cohérence 105, 134
colère 88, 100, 121, 135, 148, 165, 176, 181, 182
combleurs
    non verbaux 137
    verbaux 215

comportements 40, 53, 71, 84
    erratiques 83, 136, 227
    prototypiques 54
    suspicieux 16, 45
condescendance 172, 177
confort 30, 33, 142, 179, 198, 199
congruence 29, 72, 86, 131, 231
contact oculaire 50, 51, 81, 149, 159, 201, 231
contre-mesure 74, 133, 149, 231
crédibilité 34, 50, 70, 81, 114, 127, 155, 159, 180, 182, 201, 232
    des propos 51, 195, 207
    des ultimatums 17, 54, 146, 240
croupier 151
culpabilité 34, 69, 112, 114, 116, 181, 196, 209
curiosité 50, 63, 84, 237

D

Darwin Charles 152
déclarations
    contradictoires 221
    de culpabilité 116
    de référence 113
    d'un politicien 76
    incohérentes 222
déglutition 161, 179
dégoût 121, 148, 173, 177
déni 85
DePaulo Bella 47
déresponsabilisation 110
dilatation
    des narines 161, 182
distancement 105, 143
distanciation 110, 114, 146
distractions 199
Duchenne Guillaume-Benjamin 163

E

écho 94
écœurement 177
ego 84, 197
Ekman Paul 68, 148, 150, 153, 175, 242
ellipse 112
emblème 147, 174
empathie 83, 165, 200, 229, 238
encouragement 95, 216
enjeu 76
Etcoff Nancy 36
éthique 24, 56, 197
excitation 68, 175, 181
expressions 144, 172
    faciales 37, 48, 75, 88, 96, 139, 150, 175, 178, 228

F

faux
- bâillement 170, 179
- « mais » 123
- pas 97, 102, 202, 216, 220
- questionnement 69, 105, 106
- sourire 165

flatterie 29, 50
Forte Steve 151, 152
Frank Mark 36
Freud Sigmund 125
Friesen Wallace 150, 175
frustration 112
fuites émotionnelles 157, 159, 163, 170, 172

G

gestuelle 48, 96, 143, 146, 147
Grinder John 145

H

Hall Edward 183
hasard 35, 43, 144
hésitation 127
honte 34, 67, 112, 121, 125, 135, 181
humilité 237
humour 241

I

idiosyncrasie 54, 80, 82, 88, 89, 92, 96, 163, 174, 230
implication 105, 115, 120, 210
- émotionnelle 87, 120, 121

incohérences 69, 123, 207, 221, 231
inconscient 125
indices 78, 104, 131
- de tromperie 50, 77, 78, 79, 81, 84, 123, 135, 157, 161, 170, 171, 173, 204, 238
- paraverbaux 43

interprétation 35, 66, 78, 130, 205
intuition 37
IRM 186, 188

J

jambes 142
joie 86, 88, 90, 161

L

lapsus 75, 125, 138
lecture comportementale 64, 74, 133, 183
Lie to Me 38
logique 24, 64, 78, 102
longueur
- des réponses 136

lucidité 87, 137, 204, 227

M

mains 16, 48, 141, 146, 149, 152, 180
manipulation 47, 197, 229
manipulatoire 149
manque
    de coordination 75, 86, 153
    de crédibilité 197
    de fiabilité 155, 188
    de sincérité 155
    d'objectivité 14
mauvaise foi 85, 224
mémoire
    sélective 122
mensonge
    répété 188
    spontané 188
menteurs expérimentés 55, 69, 71, 72, 81, 228
mépris 172, 177
    simulé 174
micro-expression 39, 42, 45, 91, 113, 172, 157, 175, 242
microtremblements 186, 187
Moulton Marston William 184
mouvements corporels 140
mutisme 85
mythomanie 229

N

name dropping 31, 119
négociation 79, 84, 182, 206
    complexe 17, 76, 102, 146
    internationale 203
nictation 178
non-verbal 54, 76, 139

O

objection 113, 115
obséquiosité 118
observation
    active 84
omission 26, 28, 71, 123
O'Sullivan Maureen 38

P

panique 121
paraphrase 94
paraverbal 54, 130
passage à l'acte 24
past-posting 110
pathologie 29, 33, 67, 147
perte 77
    de la parole 36
    de mémoire 122, 220

peur 49, 67, 91, 100, 121, 125, 170, 177, 181
pieds 141, 180
plaisir 33, 55, 68, 81, 161
plausibilité 69, 70
PNL 145
polygraphe 184
pression 91, 120, 150, 198, 200, 204, 206, 219
    artérielle 68, 184
    musculaire 161, 169
prononciation 135
proxémie 139, 182, 183, 198
psychopathe 55, 229
pupille 65, 181, 242

Q

questions 86, 88
    alternatives 209
    appât 213, 217
    bizarres 211
    clarifiantes 212
    complexes 205
    courtes 205
    directes 112, 206
    fermées 95, 207, 218
    filet 214
    implicatives 210, 218
    indirectes 206
    intrusives 219
    longues 105, 205
    négatives 208, 218
    ouvertes 95, 96, 206, 218
    piège 211, 218
    régressives 209
    simples 105, 206

R

reformulation 94
réfutation 115
remords 229
réponses 71, 88
    courtes 136
    explicatives 95, 206
    honnêtes 115
    physiologiques 67, 75, 89, 139, 178, 227
    précises 95, 111, 207
    révélatrices 211
résilience 237, 238
retour d'expérience 240
retournement 111, 112
retour sur expérience 54
Rogers Carl 83

rougissement 178, 180
rythme 43, 75, 92, 132
    cardiaque 68, 180
    respiratoire 180

S
Sacks Oliver 36
sérum de vérité 65
silence 215
sphère
    intime 183
    personnelle 183
    publique 183
    sociale 183
stress 34, 52, 73, 92, 93, 96, 99, 100, 135, 136, 144, 149, 178, 179, 180, 185, 187, 227
suppression 26, 28
surenchère 85
surprise 90, 169, 170, 177
survie 24, 42, 46, 47, 67, 93, 142, 220
synchronisation 72
syndrome
    de Münchhausen 233
    de Pinocchio 103

T
température 188, 199
    l'épiderme 181
temps de réponse 70, 105, 131, 223
torse 31, 90, 143, 151
transpiration 68, 185
tristesse 72, 88, 100, 135, 159, 232

V
vengeance 12
verbal 54
visage 48, 49, 79, 125, 141, 144, 147, 161, 163, 167, 171, 173, 175, 180, 228, 240
voyance 49
Vrij Aldert 36

Y
yeux
    bleus 27, 80

Achevé d'imprimer : ?????
N° d'éditeur : 4850
Dépôt légal : février 2014
Imprimé en France

www.ingramcontent.com/pod-product-compliance
Lightning Source LLC
Chambersburg PA
CBHW070936180426
43192CB00039B/2250